「知らなかった」ではすまされない

地主・大家の相続対策の本質

一般社団法人
全国相続コンサルティングネットワーク 代表理事
一般社団法人 神奈川県相続相談協会 代表理事
ベストプラン株式会社 代表取締役
豊田剛士

現代書林

はじめに　～「部分」ではなく「全体」を考えた相続対策を～

本書を手に取っていただきありがとうございます。

まずは、簡単に自己紹介をさせてください。

現在私は、年間１００件以上の相続のご相談を受けています。一般家庭の相続から資産額が数十億単位の地主さん、資産家さんの相続まで、幅広くコンサルティングを行っています。また、対策実務だけではなく、相続対策セミナーの開催、金融機関さん主催のセミナーの講師、相続の資格の講師など、いろいろな場所で相続対策の講演も行っています。さらに、各所に相続の相談センターを開設し、培ってきたノウハウと専門家とのネットワークをお客様と共有し、相続人と実家が離れている場合や相続人どうしが離れている場合でも対応できる仕組み作りをしています。さらに相続対策で必要な不動産のコンサルティング、賃貸経営管理、ファイナンシャルプランニングも行っています。

資産の種類や規模、お客様の置かれた状況によって解決すべき課題は変わってきますし、課題に応じて打つべき手も変わってきます。しかし、さまざまなお客様の多種多様な相続対策を日々サポートするなかで、常に大切にしていることがあります。それは、「部分的な視点ではなく、全体的な視点を保つ」ということです。そうすることで、初めて特定の商品やサービスを売るだけの営業行為ではなく、お客様の悩みや課題を根本的に解決し、本当の意味で資産を守り殖やしていくコンサルティングを行うことができるからです。

平成27年（2015）に相続税法が改正され、地主さん、大家さんにはより多くの相続税がかかるようになりました。その結果、相続税の納税資金のために売却する土地を決め、遺言も用意していたのに、予定していた土地の売却だけでは相続税の納税資金が足りず、相続対策の変更を迫られているという方も増えてきています。また、相続税法の改正を機にメディアで相続問題を取り上げられる機会が多くなり、多くの方が相続に関心を持たれています。

そうした社会情勢のなか、「相続対策をします」と、たくさんの士業、保険会社、不動産会社、建築会社、金融機関などが現れてきました。しかし、残念ながら、自社の商品やサービスを販売するための切り口になっているのが現状です。事実、「遺言を作成する」、「生命保険に入る」、「賃貸アパートを建てる」など、まず自社の商品、サービスありきで、お客様の不安を部分的に解消するだけといった相続対策が多く見受けられます。これでは、体調に不安がある方をしっかり診察をせずに、自社製品の薬だけをすすめたり、自分が得意な手術だけをしているのと同じです。お客様が自分の体をしっかり診察でき、何の病気か断定できて、効果があることを理解、判断できていれば問題ないでしょう。しかし、実際はそんなことは難しく、きちんと病院で医師の診察を受け、何の病気かを特定し、どの治療方法が最適か、診察をしていただいたうえで治療を進めることが望ましいでしょう。風邪だと思っていても、肺炎かもしれませんし、ガンかもしれません。また、薬には万能薬というものはなく、薬には効用もあれば、副作用もあります。使い方を間違えれば劇薬になる可能性もあります。すでに治療をしている、持病がある、薬を飲んでいるといった場合は、新しく始める治療が持病やすでに行っている治療に影響が出ないかどうか、全体の最適性を確認して進めないと、折角の治療もむしろ他の病気を悪化させてしまうかもしれません。部分的な対症療法が最適ではなく、全体を考えた治療が最適な治療方法です。

医療に限らず、相続においても大切なのは、部分的な対策ではなく、全体を俯瞰した総合的な対策なのです。

ところが、このようなことが相続対策の現場では当たり前のように起きており、お客様の現状をしっかりと把握することなく、遺言、生命保険、アパート建築などの対策を安易にすすめてくる業者が多いのです。そして、すすめられるままに現状を把握せずに対策を行う人の多くが、相続対策に失敗します。

相続対策を難しくしている要因として、被相続人が失敗に気づきにくいという点も挙げられます。現状の資産がいくらあるのか、対策を行ったらその資産がどうなるのか、しっかり把握することで、本当にすべき対策も見えてきます。ところが、被相続人がこうした把握を怠り、失敗に気づかず相続が発生し、相続人が苦労するというケースも少なくありません。これは、相続対策において、全体的な視点を持つことの難しさの一つの現れでもあります。

また、相続対策や資産を守る、殖やすという定義が明確でなかったり、定義を間違えている場合が多いことも問題です。一族の繁栄に繋がる相続対策の本質は、資産を最有効活用し、相続人に効率よく財産を移転し、揉めない財産の移転の方法を行っていくことです。この最有効活用は土地活用という名のアパート建築ではありません。資産を最も有効に使うという意味です。

本書は法律の隙間を縫った対策を教えたり、断片的によい対策を伝えるものではありません。読者の皆さんが、全体的な視点から相続対策の本質を理解することで、資産を守り、殖やす助けになること。これが本書を執筆させていただいた最大の理由です。

いくつになっても子どもは親の背中を見ています。親が本質をしっかり捉えた相続対策を行うことで、その知識、知恵は子どもの代に引き継がれ、子どももまた資産を守り、殖やしていけるのです。一人でも多く、一つでも多くの家族が、資産形成と資産承継に成功し、一族を繁栄させる円満な相続を迎えるきっかけになれば幸いです。

平成29年11月

豊田 剛士

目　次 ―Contents―

第3章 現状分析

第5章 ▼ 対策の実施

第 1 章

間違いだらけの相続対策

典型的な失敗例に学ぶ正しい相続対策の在り方

本書を手に取っていただいたということは、すでに相続に対して何らかの悩みや課題を抱えている方が多いということだと思います。親から相続をした際に苦労した方もいると思いますし、親戚や友人、知人などで相続問題でトラブルになっているケース、相続が起きるたびに相続税の支払いのために多くの財産を失っていくケースなどを目の当たりにしている方も多いでしょう。

相続に対して漠然とした不安があり、相続対策をしたほうがよさそうだが、何から始めればいいのか、誰に相談すればいいのか、どんな相続対策があるのかわからないから前に進めないという話もよく聞きます。

すでに相続対策を始めている方も、ハウスメーカーなどのすすめで相続対策のためにアパートを建てたが赤字経営になって悩んでいる方、すでに始めた遺言や生命保険などが本当に正しいのかどうか心配な方、信頼して相談できる中立的な立場の知り合いがいないといった、さまざまな方がいると思います。

私はそのような多くの方のご相談に乗り、対策をしてきました。その経験から培った知識を本書でご紹介するのでご安心ください。

第1章では、相続対策をしなかったらどうなるのか、間違った相続対策をしたらどうなるのか、よくある事例をいくつか紹介します。典型的な失敗例を見ていただくことで、正しい相続対策がなぜ必要なのかが見えてきます。

ご自身の相続で失敗しないためにも、参考にしてください。

事例① 相続対策をしなかったため、叶わなかった被相続人Aさんの大切な「願い」

家族構成は、父親のAさん、長男のCさん、長女のDさん、次女のEさんです。母親のBさんはすでに亡くなっています。相続財産は、図1-1の通りです。代々家督相続的に相続してきたAさんは、長男に跡継ぎとして自宅土地建物を遺したいと考えていました。長男も父から家を継ぐように言われていたので同居して、父や亡き母の介護も行いました。

しかし、父は遺言を遺しておらず、相続対策は何も行っていませんでした。

Aさんの相続が発生し、長男は父から自宅の土地建物を継ぐよう言われていたので、亡くなる直前に父から聞いた遺産分割内容を長女と次女に伝えました（**図1−2**）。長女と次女は相続税の納税資金が足りそうですが、長男の相続税の納税資金は足りません。

長女と次女はその話を長男から聞きましたが、父からは直接聞いておらず、長男が多くの財産を相続すること、財産額の多くを占める自宅の土地建物を相続するのに現金配分が同じことにも納得がいかず、結果遺産分割協議がまとまらず、最終的には均等に分けるべきだと言いだしました。

このように揉める背景には、同居のため家賃もかからない恵まれた環境だったのだから、長男の取り分を少なくすべきだという長女や次女の思いもあったようです。親の介護はしたものにしかわからない

図1-1

相続財産	財産額
自宅土地建物	4億円
アパート1	7,000万円
アパート2	8,000万円
駐車場	5,000万円
現金	5,000万円
総額	6億5,000万円

図1-2

相続財産	財産額	遺産分割内容
自宅土地建物	4億円	長男Cさん
アパート1	7,000万円	長女Dさん
アパート2	8,000万円	次女Eさん
駐車場	5,000万円	3等分、売却して納税資金
現金	5,000万円	3等分

※簡便的に説明するため、駐車場の譲渡税は考慮していません。

全体の相続税	1億8,990万円

	相続税	現金
長男Cさん	1億2,660万円	3,333万円
長女Dさん	約3,018万円	3,333万円
次女Eさん	約3,310万円	3,333万円

苦労があります。同居していない長女、次女には恵まれた環境に見えたのでしょう。このように遺産分割で揉めてしまうと、最終的には調停、裁判となりますが、裁判になった場合、その多くはおおむね法定相続分で分割されてしまいます。

結果、相続財産6億5000万円を均等に3等分したため、自宅の土地建物を売却することになりました。長男は現金で約2億1666万円を相続し、相続税の6330万円を支払った後、実際手元に残ったのは現金1億5336万円でした。Aさんが希望していた4億円の自宅の土地建物を引き継いでほしいという願いとは大きくかけ離れた遺産分割内容となってしまいました。

事例② 司法書士に遺言作成をしてもらったFさんを待っていた思わぬ落とし穴

家族構成は母親のFさん、長男のGさん、長女のHさんです。父親はすでに亡くなっています。家系図、相続財産は**図1-3**の通りです。長男は若いときから素行が悪く、何かのたびに親がお金を払うという状況が続いていました。また、父の相続時にも多くの財産分与を望み、その場を収めるために、長男に多くを相続させたとのことでした。長女は

図1-3

●家系図

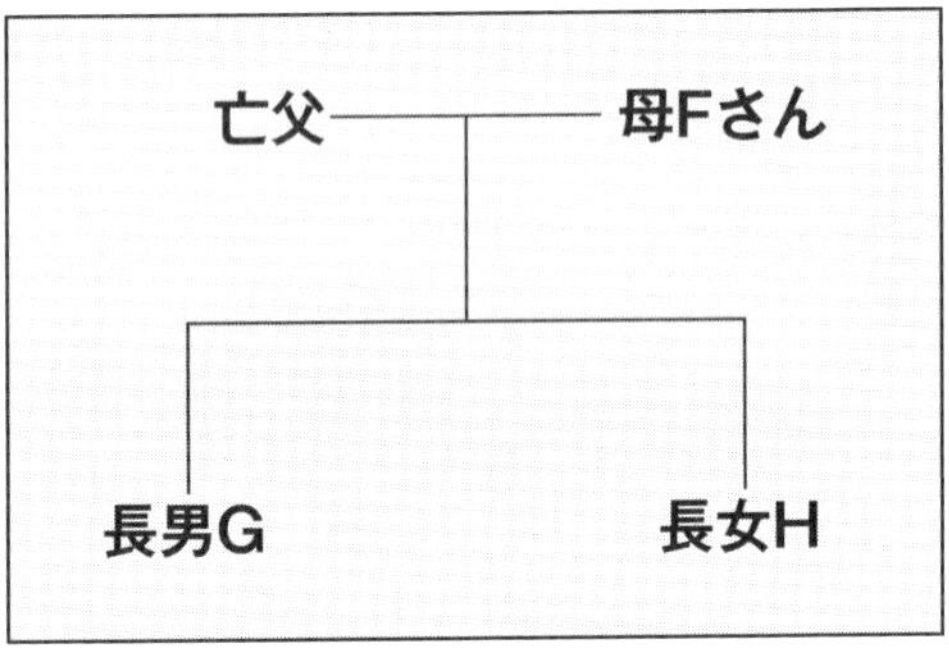

相続財産	財産額
土地(アパート)	1億円
建物(アパート)	3,000万円
土地(自宅)	3,000万円
建物(自宅)	150万円
現預金	1,000万円
合計	1億7,150万円

法定相続分	8,575万円
遺留分	4,287.5円

母親と同居し、長女のご主人も義父の存命時から献身的に介護に協力していました。そんな長女を不憫に思い、母親は多くの財産を遺してあげたいと思って司法書士に相談し、**図1-4**のような遺言を作成しました。その際、司法書士から遺留分は4287.5万円なので、遺留分減殺請求をされたとしても、自宅の売却資金と現預金、足りない分は長女の手元資金で払うことができると言われたそうです。

遺言を作成してしばらくして、ふと心配になり、セカンドオピニオンとして当協会を訪ねました。**図1-4**は相続税の計算で使う「相続税評価」のため、遺産分割で使う時価ではありません。遺産分割で使う「時価評価」は**図1-5**のようになり、遺留分は

図1-4

相続財産	長女	長男
土地(アパート)	1億円	0円
建物(アパート)	3,000万円	0円
土地(自宅)	3,000万円	0円
建物(自宅)	150万円	0円
現預金	1,000万円	0円
合計	1億7,150万円	0円

法定相続分	8,575万円	8,575万円
遺留分	4,287.5万円	4,287.5万円

図1-5

相続財産	長女	長男
土地(アパート)	3億5,000万円	0円
建物(アパート)		0円
土地(自宅)	2,000万円	0円
建物(自宅)	0円	0円
現預金	1,000万円	0円
合計	3億8,000万円	0円

法定相続分	1億9,000万円	1億9,000万円
遺留分	9,500万円	9,500万円

9500万円となります。9500万円では長女の手元の現金はとても足りません。また、賃貸アパートは過去に隣地と境界を巡りトラブルがあったので、境界確定をし、売却をするという選択肢もすぐにできるかはわからない状況でした。何をどう分ければいいかという問題だけでなく、不動産がどのような状況にあるかも含めて検討する必要があったのです。幸いにも母親はまだ70代で意識もしっかりとしていたので、対策を見直すことができました。

事例③ シミュレーション不足でアパート建築で失敗したIさん

Iさんは駐車場として利用している土地があり、その土地の件でハウスメーカーの営業マンから「相続対策のためにアパートを建てませんか」という話がありました。聞くと利回りが10％あって、サブリースのために家賃も保証され、２０００万円は相続税が節税できるとのことです。相続税がそれだけ節税でき、賃貸収入で相続税の納税資金を貯めることができるのであれば進めてみようと思い、アパートを建築しました。

完成した当初は話通りの家賃が入り、所得税の軽減も多く、アパートを建ててよかったと思ったそうです。しかし、何年かたつと空室が目立ち始め、家賃保証の家賃の金額を下げるという話がハウスメーカーからありました。そして段階的に何度か家賃が下がりました。十何年かすると、家賃収入より所得税と借入金の支払い額のほうが多くなり、家賃収入で相続税の納税資金を得るどころか手元の現金がどんどん減っていきました。

いったいＩさんに何が起こったのでしょうか。気をつけるべきポイントは、①利回り計算がアパート建築の総事業費がベースになっている、②家賃の下落を見込んでいない、③税引き前利益しか見ていないのでデッドクロスがわからない、④アパートを建てることで変化する価値の話がない、⑤借入れが減ることにより相続税が増えることを理解していない、などが挙げられます。

本来、駐車場だった土地は1億円で売却できた土地です。相続した土地がある場合、土地を自己資本として投下していると考えない方が多いのですが、アパートを建築せずに売却すれば1億円で売却できる土地ですから、1億円投下していると考えるべきなのです。それを考慮すると、決して高い利回りではありません。

家賃に関してはサブリースですが、サブリースの保証という言葉はサブリースができる期間を示しているだけで、家賃がその年数固定されるわけではありません。今回のように家賃が値下がりするケースがほとんどです。家賃は減るのに、税金は増えるという悪循環がなぜ起きるのか、当初から予測できなかったのか。

このような現象は、シミュレーションを行うことで予測を立てることもできますし、対策を立てることもできます。

アパート建築には押さえるべきポイントが数多くあり、相続税の節税になるからという謳い文句で建ててしまうと、多くの場合失敗します。アパート建築をしないとどうなるのか、したらどういう効果があってどのようなメリット、デメリットがあるのか。事前にそのようなことをシミュレーションすれば、失敗することなく、効果のある方法を選択をすることができます。

相続対策で失敗しないためのポイント

相続対策をしなかったケース、間違った相続対策をしてしまったケースなど、3つの事例を見ていただきました。相続は対策をするとしないでは雲泥の差があります。しかし、間違った対策をしてしまうと資産を大きく目減りさせてしまったり、争いの元になってしまったりすることがおわかりいただけたのではないでしょうか。繰り返しになりますが、今回紹介した事例は決してレアケースではなく、相続の現場ではよく起こっていることです。このような事態にならないように本書をお読みの皆さんには賢い相続対策を進めていただきたいと思います。

第2章からは地主さん、大家さんが相続対策を進めるに当たって、相続対策をどのように考え、どのように進めたらいいのかを解説します。地主さん、大家さんは経営者です。そのため、相続対策を進めるうえで、大切な家族に引き継ぐための資産を守る、殖やすためにはどうすればよいのかという対策には経営者としての視点も必要になります。この作業は、中小企業の経営者が法人や事業の財務をどう考え、どう判断していくのかに似ています。企業だと、経営者が1円単位の数字を毎日確認して事業は行いません。1円単位で正確な数字を捉えるのは経理の仕事です。経営者は、法人や事業の大枠を捉えるために、百万円単位で数字を捉え、大切なポイントを掴み、方向性の舵を切っていきます。それと同じで、地主さん、大家さんも税の計算や投資分析などのすべてを把握できる必要はありません。経営者として見るべき数字、ポイントを捉え、的確な判断をすることが必要です。そのためには大局を掴むために全体像を把握し、押さえるべきポイントを知っていただく必要があります。

大事なのは、現状をしっかりと分析し、分析した現状から問題、課題を抽出したり、目標との差を確認したり、抽出した問題、課題、目標との差に対して対策を立てることです。対策を行って状況がよくなった後も、さらによくするためにはこの繰り返しが必要です。このサイクルを行うためには、まず現状を分析し、対策を行ったときの効果を測定することができる環境を作ることです。

これから説明するすべてをマスターする必要はまったくありません。ただ、このような事実があることを知っていただき、対策を進めるパートナーを選ぶ、対策を検討するときの判断材料にしてほしいのです。難しい内容やとっつきづらい内容もあるかと思いますが、マスターするためではなく、引き出しとして持つという感覚で読み進めてください。

第 2 章

相続対策の基本

相続対策の基本

現状分析や対策に入る前に、この章では相続対策で押さえていただきたい基本を説明します。相続人の確定、相続税の計算方法、相続財産の評価方法や特例などについて深く説明するというより、地主さん、大家さんとして、また経営者として、押さえていただきたいポイントをかいつまんで説明します。第1章でも述べましたが、細かい知識より、対局的に状況を判断して対策の判断を的確に行うために、概要を知っていただくことが大事です。読み進めていくうえで、必ずしも100％理解していただく必要はありません。大事なのはどのような仕組みなのか、どのような考え方があるのかを知ることです。実際に対策を行う際には専門家と一緒に進めてください。

相続対策で大事なのは、「遺産分割対策」、「相続税の納税対策」、「相続税の節税対策」といわれます。詳しくは後述しますが、「遺産分割で使う財産の評価方法」と「相続税の計算で使う財産の評価方法」は違います。この違いはとても大事なのですが、きちんと説明してくれる専門家がとても少ないのが現状です。

遺産分割で使う評価方法と、相続税の計算で使う相続税評価をしっかりと把握することは相続対策では必須条件です。まずは相続税の計算で使う相続税評価から説明します。

ここでは相続税の計算方法、相続財産の評価方法や特例などを説明していますが、なかでも不動産について多くの紙面を割いています。

図2-1

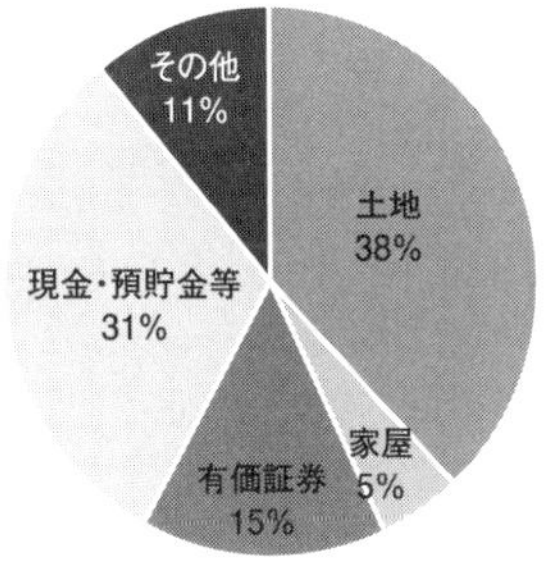

平成27年相続財産の金額の構成比の推移

参考：国税庁HP

図2-1は、相続財産の種類の内訳です。見ていただくとわかるように土地38%、建物5%、合計43%になります。相続財産の43%が不動産ということがわかります。また、この図の統計値はあくまで相続税で使う財産評価ですので、実際の時価評価に直すと日本人の個人資産の約半分以上が不動産ということがわかります。本書をお読みの皆さんの多くも相続税の計算で使う財産の評価方法で資産の構成割合のなかで不動産の占める割合が多いのではないかと思います。

また、相続税の計算で使う財産の評価方法では不動産の評価がとても難しく、税理士が10人いたら、10通りの評価ができるといわれています。この原因の一つには評価が難しいということだけではなく、税理士の数に対して相続税申告件数が少ないということも挙げられます。平成27年の相続税の申告数は10万3043件です。これに対して税理士の数は平成29年6月付で7万6358人です。税理士1人当たりの相続税の申告数を計算すると、年間1・34件しか行わない計算になります。この数字は、相続税の申告数を税理士の数で割った単純平均ですが、実際には相続に強い税理士に案件が集中します。税理士の多くが法人の顧問などがメインの業務のため、税理士人生のなかで数回しか携わっていないという税理士が多いのが現実です。そのため、相続税申告の際の財産評価については詳しくないという税理士がほとんどなのです。

このように相続対策にとって不動産がとても大事な財産であるものの、不動産の評価に詳しい税理士が少ないというのが現実なので一緒に対策を行う専門家選びも重要になります。本章で学ぶことはすべて覚えていただく必要はありませんが、大枠を捉えていただくことで、相続対策に重要な専門家選びをする際にとても役立ちます。

相続対策の準備で大切なのが、相続人を確定し、相続財産について考えていくことです。誰が相続人で、どのような相続財産があるかということを把握することです。この前提が崩れてしまうと、せっかくの相続対策が水の泡になってしまう危険がありますのでしっかりと行ってください。

なお、相続人の確定とは相続対策を行うときに、受け取る側がだれかを確認する作業です。現代は、離婚、再婚も珍しくはないのでしっかり押さえましょう。

後述しますが、相続人を考える際に、「遺産分割をする際の相続人」と「相続税の計算のときの相続人」に違いがあることに気をつけましょう。

図2-2は相続人になる親族と法定相続分[※1]、遺留分[※2]の関係です。

・**配偶者**……常に相続人です。

・**子**……第1順位の相続人。被相続人より先に子が死亡している場合は、孫が代襲[※3]し、第1順位の相続人となります。

・**父母、祖父母（直系尊属）**……第2順位の相続人。子がいない場合、父母が、父母が亡くなっている場合は祖父母が相続人となります。

図2-2

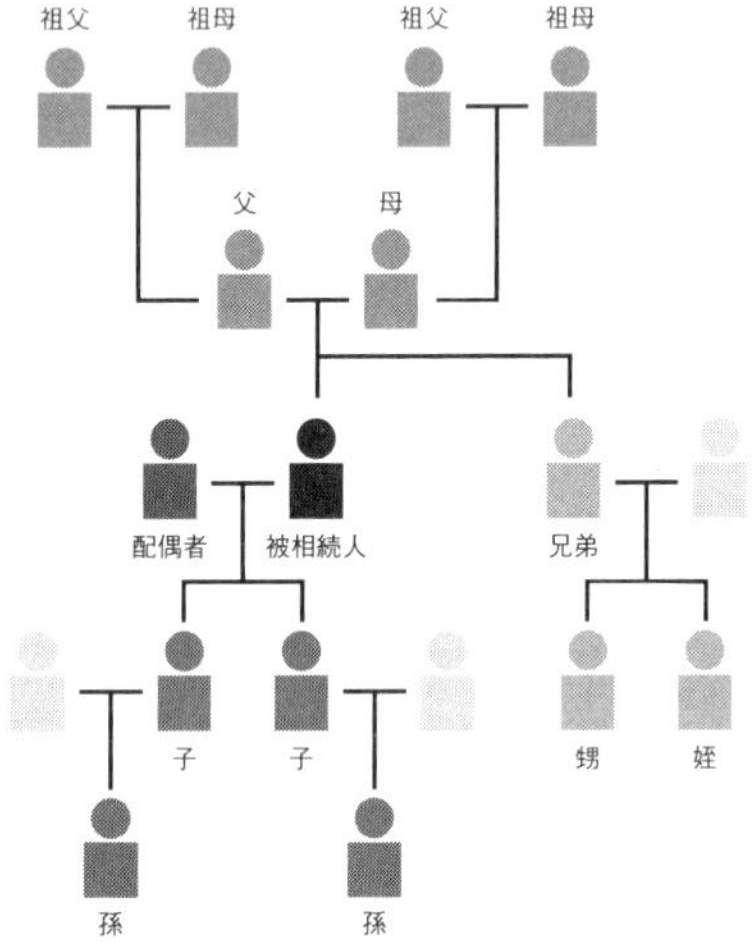

順位	相続人	相続人死亡の取り扱い
常に相続人	配偶者	
1	子(直系卑属)	孫、ひ孫…
2	父母(直系尊属)	祖父、祖母…
3	兄弟姉妹	甥、姪(甥、姪の子には代襲しない)

法定相続人の組み合わせ	法定相続分	遺留分			
		配偶者	子	父母	兄弟姉妹
配偶者のみ	相続財産のすべて	1/2	×	×	×
配偶者と子	配偶者:1/2、子:1/2	1/4	1/4	×	×
配偶者と直系尊属	配偶者:2/3、直系尊属1/3	2/6	×	1/6	×
配偶者と兄弟姉妹	配偶者:3/4、兄弟姉妹1/4	1/2	×	×	×
子のみ	相続財産のすべて	×	1/2	×	×
直系尊属のみ	相続財産のすべて	×	×	1/3	×
兄弟姉妹のみ	相続財産のすべて(異母兄弟は、全血兄弟の1/2)	×	×	×	×

・**兄弟姉妹**……第3順位の相続人。直系尊属がいない場合は兄弟姉妹が相続人となります。兄弟姉妹が亡くなっている場合は甥、姪が代襲し、相続人となります。

※1　法定相続分…上記の相続人の順位に従って分ける割合です。遺産分割協議によって法定相続分に従わないこともできます。遺産分割争いになった場合、おおむね法定相続分に従った財産額に落ち着きます。

※2　遺留分…相続人が最低限相続できる財産です。遺言があった場合でも、遺留分を主張することができます。

※3　代襲相続…相続人が亡くなっていたり、相続権を失っている場合、その子や孫が相続人となります。第1順位の子が亡くなっている場合は、その子、孫というように限りなく代襲しますが、第3順位の兄弟姉妹の場合、代襲するのは甥や姪で、一代限りとなります。

養子縁組を結ぶと、遺産分割では相続人となりますが、相続税の計算では被相続人に実子がいる場合は1人まで、実子がいない場合は2人までと制限があります。この制限がないと、無限に基礎控除を増やすことができてしまうからです。

相続人は相続をする権利を放棄することもできます。このことを「相続放棄」といいますが、相続放棄をすると遺産分割上では相続人ではなくなりますが、相続税の計算では相続人の数に入れて計算を行います。このように遺産分割での相続人と相続税の計算の相続人で人数が違う場合もあります。

相続税の計算

相続財産の評価を見ていく前に相続税の計算方法を説明しましょう。次項以降で資産個別の評価方法を説明しますが、まず相続税の計算の全体像を見てもらったほうが理解しやすいと思いますので、ここで相続税の大きな枠組みを捉えてください。

①各人の課税価格の計算

相続または遺贈により取得した財産の価額＋みなし相続等により取得した財産の価額－非課税財産の価額＋相続時精算課税に係る贈与財産の価額－債務及び葬式費用の額＝純資産価額

純資産価額＋相続開始3年以内の贈与財産の価額＝各人の課税価格

②相続税の総額の計算

イ　前記①で計算した各人の課税価格を合計して、課税価格を合計。

各相続人の課税価格の合計＝課税価格の合計

ロ　課税価格の合計額から基礎控除額を差し引いて、課税される遺産の総額を計算。

課税価格の合計額－基礎控除額（3000万円＋600万円×相続人の数）＝課税遺産総額

ハ　前記ロで計算した課税遺産総額を、各法定相続人が民法に定める法定相続分に従って取得したものとして、法定相続人ごとの取得金額を計算。

ニ　前記ハで計算した法定相続人ごとの取得金額×税率＝算出金額

ホ　前記ニで計算した法定相続人ごとの算出税額を合計して相続税の総額を計算。

法定相続人ごとの算出税額の合計＝相続税の総額

③各人ごとの相続税額の計算

相続税の総額を、財産を取得した人の課税価格に応じて割り振って、財産を取得した人ごとの税額を計算。

相続税の総額×各人の課税価格÷課税価格の合計額＝各相続人の税額

④各人の納付税額の計算

前記③で計算した各相続人の税額から各種の税額控除額を差し引いた残りの額が各人の納付税額になります。

ただし、財産を取得した人が被相続人の配偶者、父母、子ども以外の者である場合、税額控除を差し引く前の相続税額にその20％相当額を加算した後、税額控除額を差し引きます。

なお、子どもが被相続人の死亡以前に死亡しているときの孫（その子どもの子）については、相続税額にその20％相当額を加算する必要はありませんが、子どもが被相続人の死亡以前に死亡していない場合の被相続人の養子である孫については加算する必要があります。

各相続人等の税額＋相続税額の2割加算－暦年贈与分の贈与税額控除－配偶者の税額軽減－未成年者控除－障害者控除－相次相続控除－外国税額控除＝各相続人等の控除後の税

額
各相続人等の控除後の税額－相続時精算課税分の贈与税相当額（外国税額控除前の税額）－医療法人持分税額控除額＝各相続人の納付すべき税額

となります。

相続税の税率は、**図2-3**をご覧ください。

文字にするととても難しい計算式のように思えます。相続税は、このように文字で考えるのではなく**図2-4**のようなイメージで捉えるとわかりやすいと思います。

プラスの資産とマイナスの資産があり、差し引きしたものが純資産になります。これは貸借対照表（バランスシート。以下、B／S）と同じ形です。そのためすべてのプラスの資産からマイナスの資産を引いた純資産の部分に相続税が課税されると思っていただくとわかりやすいと思います。この純資産部分を相続人の数で切り分けて、税率をかけ、控除額を引いたものが相続税額とな

図2-3

法定相続分に応ずる取得金額	税率	控除額
1,000万円以下	10%	－
3,000万円以下	15%	50万円
5,000万円以下	20%	200万円
1億円以下	30%	700万円
2億円以下	40%	1,700万円
3億円以下	45%	2,700万円
6億円以下	50%	4,200万円
6億円超	55%	7,200万円

図2-4

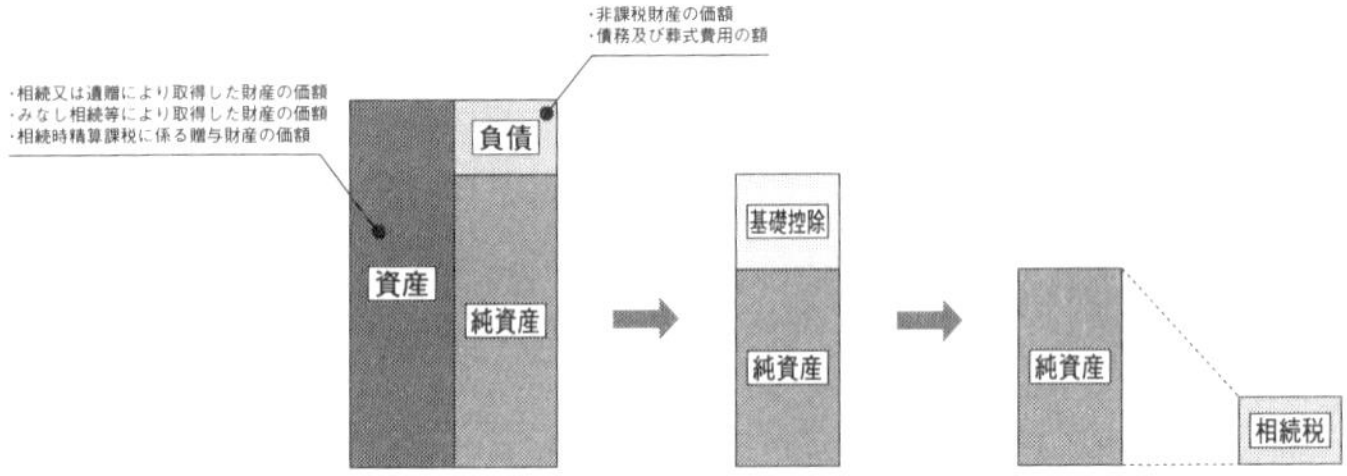

相続税の課税のイメージ

ります。

細かい計算は専門家に任せるとして、まずはこのように貸借対照表（B／S）の図のイメージで捉えていただくと相続税もわかりやすいでしょう。

また、会話のなかでよく「相続税率が55％」というような表現をしますが、**図2-3**の控除額があったり、相続人の数によって異なる基礎控除、生命保険の非課税枠、退職金の非課税枠などもありますので、税率表の税率よりも相続財産に対していくらの相続税がかかるのか、その相続税は相続財産に対してどのくらいの割合かという実効税率で考えたほうがよいでしょう。

相続税評価の相続財産の評価方法

相続税の計算方法がわかったところで、次は相続財産の評価方法です。実務の上では、相続税の計算よりも相続財産の評価方法が難しいです。ここでは、主な財産の相続税を計算をする際の評価方法について見ていきます。

相続税の計算のための相続財産の評価は時価が基準とされています。しかし、不動産などの財産の時価は評価をする人間によって変わります。たとえば、A不動産会社とB不動産会社とC不動産会社があったとします。同じ不動産を査定してもらった場合でも、A不動産会社は3000万円、B不動産会社は3150万円、C不動産会社は2800万円というようなことが起こります。このような状況では相続税の計算をするに当たってどの価額が正しいのかわからず、適正な相続税を算出することができません。そうすると相続税申告が正しいのか、正しくないのか税務署も判断できなくなってしまいます。そのため、「財産評価基本通達」という評価の原則を定めて評価の基準を統一しています。

相続財産の主なものとして、

・現預金
・不動産（宅地、建物）
・生命保険
・上場株式

・非上場株式
・公社債
・その他の財産
などがあります。順次見ていきましょう。

相続税評価の生命保険の評価方法

生命保険の評価ですが、まず生命保険で押さえていただきたい用語と保険の種類を説明します。

■生命保険で押さえていただきたい用語

・**契約者**……保険を契約した人。契約の権利と保険料の支払い義務を負う。
・**被保険者**……当該保険の生死、病気、けがなどの保険の対象者。
・**受取人**……当該保険の保険金、給付金、年金などを受け取る。
・**保険料**……契約者が保険会社に支払う費用。

・**保険金**……被保険者の死亡、高度障害、満期などの場合に保険会社が受取人に支払うお金。

・**給付金**……被保険者が入院や手術などを行った際に保険会社が受取人に支払うお金。

■保険の種類

・**終身保険**

死亡・高度障害の保障が一生涯続き、死亡時に保険金が支払われる保険。保険期間が終身なので、途中で解約しない限り保険金はいつか必ず支払われる。必ず支払いがあるため、保険会社はまとまった責任準備金※1を積み立てている。そのため、一定期間預けると解約返戻金※2もまとまった金額になる。

※1　責任準備金…将来の保険金支払いに備えて、保険業法によって義務づけられている積立金のこと。
※2　解約返戻金…保険契約を解約した場合に契約者に払い戻される金額のこと。

・**定期保険**

保険期間内に被保険者が死亡または高度障害になった場合に保険金が支払われる。保険料は掛け捨てで満期保険金はないが、同じ保障内容の終身保険より保険料が割安になる。

・養老保険

一定の保険期間を決めて、保険期間内に死亡・高度障害になれば死亡保険金または高度障害保険金が、満期まで生存していれば満期保険金が支払われる。保険料の大部分が積み立てに回される貯蓄性の高い保険。

次に契約者、被保険者、受取人の関係で税金や相続の取り扱いが変わるので見てみましょう。**図2-5**をご覧ください。

相続で一般的に生命保険というと、契約者＝被相続人、被保険者＝被相続人、受取人＝相続人を指します。この契約形態の場合、原則として相続財産ではないので遺産分割の対象ではありません。[※1] しかし、相続税の計算では「みなし相続財産」として計算します。すなわち、保険金＝相続税の評価額となります。

生命保険では「相続人×500万円が非課税」となります。たとえば、2000万円の生命保険に加入して被相続人が亡くなり、相続人が3人の

図2-5

契約者	被保険者	受取人	税の取り扱い
A	A	B	相続税
A	B	A	所得税
A	B	C	贈与税

場合、500万円が課税対象で、1500万円が非課税となります。

※1 相続財産の総額に対して過度な生命保険で遺産分割が著しく不公平な場合、考慮される判例もあるので、取り扱い方法には注意が必要です。

相続税評価の有価証券の評価方法

ここでは代表的な上場株式、投資信託、公社債の評価方法を紹介します。

■上場株式の評価

上場株式とは証券取引所に上場されている株式をいい、次の4つのうち、最も低い価額で評価します。

・課税時期の終値
・課税時期の月の毎日の最終価格の平均額
・課税時期の月の前月の毎日の最終価格の平均額

・課税時期の月の前々月の毎日の最終価格の平均額

■投資信託

・中国国際ファンド、ＭＭＦなどの日々決算型の証券投資信託の受益証券の場合

課税時期において、解約請求または買取請求により証券会社などから支払いを受けることができる価額として、次の算式により計算した金額によって評価します。

一口当たりの基準価額×口数＋再投資が行われていない未収分配金－口数によって源泉徴収される所得税の額に相当している金額－信託財産留保額または解約手数料（消費税に値する額も含む）

・上記以外の証券投資信託の受益証券の場合

課税時期において、解約請求などにより証券会社から支払いを受けることができる価額として、次の算式により計算した金額によって評価します。

課税時期の一口当たりの基準価額×口数－課税時期において解約請求などした場合に源泉徴収されるべき所得税の額に相当する金額－信託財産留保額または解約する際の手数料（消費税の額を含む）

・金融商品取引業所に上場されている証券投資信託の受益証券については上場株式の評価に準じます。

■利付公社債の評価

・金融商品取引所に上場されている利付公社債

評価額＝（課税時期の最終価格＋源泉所得税相当額控除後の既経過利息の額）×券面額／100円

・日本証券業協会において売買参考統計値が公表される銘柄として選定された利付公社債（上場されているものを除く）

評価額＝（課税時期の平均値＋源泉所得税相当額控除後の既経過利息の額）×券面額／100円

・その他の利付公社債

評価額＝（発行価額＋源泉所得税相当額控除後の既経過利息の額）×券面額／100円

■割引発行の公社債

・金融商品取引所に上場されている公社債
評価額＝課税時期の最終価格×券面額／100円
・日本証券業協会において売買参考統計値が公表される銘柄として選定された割引公社債
（金融商品取引所に上場されている公社債を除く）
評価額＝課税時期の平均値×券面額／100円
・その他の割引発行されている公社債
評価額＝（発行価額＋（券面額－発行価額）×（発行日から課税時期までの日数／発行日から償還期限までの日数））×（券面額／100円）

有価証券の評価は日々変動します。相続対策を行う方針が決まったからといって1日で終わるわけではありません。そのため、現状を分析したときと対策をし終えたときでは値動きしています。また、対策を行ったときと相続時では価値も変わっています。

変動の幅の大きい有価証券があり、相続財産の総額を占める割合の多い場合は、注意して相続対策を進めてください。

相続税評価の非上場株式の評価方法

非上場株式は主に被相続人、親族が経営している会社や資産管理法人の自社株の場合が多いです。非上場株式の評価を行う際にはまず、同族株主等と同族株主等以外の者に分かれ、同族株主等は「原則的評価方式」、同族株主等以外は「特例的評価方式」になります。原則的評価方式の場合、大会社、中会社、小会社に区分し、区分ごとに類似比準方式、純資産価額方式、類似比準方式と純資産価額方式を併用する方法によって評価を行います。特例的評価の場合には純資産価額方式もしくは清算分配見込み額により評価を行います。

非上場株式の対策は、相続税だけでなく、所得税、法人税、場合によっては消費税などを考慮したり、会社法に留意する必要があるので、自分だけで進めることは困難です。法人を経営している場合は、非上場株式いわゆる自社株対策も必要ですが、事業そのものをどう承継していくかという事業承継という大きな視点で見ていくことも重要です。相続人が跡を継ぐのか、法人の役員、従業員のなかに後継者がいるのか、後継者がいないのでM&Aを行うのか、精算、廃業なのか、選択肢はいろいろあります。M&Aをする場合でも、株式譲渡、事業譲渡、新株引受、会社分割など、さまざまな手法があります。

本書では、地主さん、大家さんの相続対策に重きを置いていますので事業承継について深くは触れませんが、事業承継は複雑な要素が絡みますので専門家と一緒に対策を行うことで多くの選択肢が広がります。

相続税評価の動産などの評価方法

家電製品や衣類など、一般動産の価額は原則として売買実例価額、精通者意見価格（専門的な知見を用いなければ評価が難しい場合は精通者の意見を基に算出します。たとえば書画・骨董などは美術鑑定人）などを参酌して評価します。実務的には、高価な貴金属や書画骨董などがなければ、「その他一式30万円」のように概算で出します。

相続税評価の不動産の「種類別」評価方法

不動産の評価は、土地と建物に分かれます。

図2-6

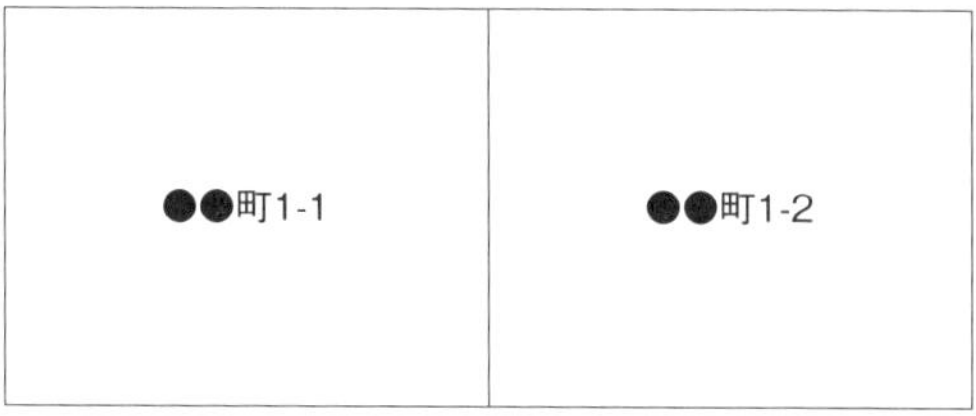

筆は分かれているが、2つとも自宅敷地として利用

相続財産の評価を行う場合、土地は宅地と呼びます。宅地を評価する場合には、利用方法、利用単位が基礎となります。利用方法は登記簿上の地目ではなく、実際に現在使っている現況から判断します。利用単位も同じで、登記簿上の筆で判断するのではなく、現況の利用単位で判断します。図2-6のように筆が分かれている2つの不動産でも同じ用途として利用していれば利用単位は1となります。

利用単位で分けた宅地の評価額を計算する際には、

・路線価方式
・倍率方式

を用います。

「路線価方式」は、宅地の前面道路に路線価が定められている場合に用い、「倍率方式」はそれ以外の場合に用います。大規模都市圏の住宅地の多くは路線価方式で、大規模都市圏以外の住宅地や市街化調整区域などでは倍率方式を用いるケースが多いです。

路線価方式は、次のように計算します。

路線価×面積（㎡）＝自用地の価額

倍率方式の場合は、次のように計算します。

宅地の固定資産税評価額×倍率＝価額

この倍率は財産評価基準書の評価倍率表を基にします。

このようにして宅地の価額を計算していきます。次に計算した価額に利用方法によって斟酌を加えていきます。

・貸家建付地の場合（アパートやマンションなど）

自用地の価額－（自用地の価額×借地権割合×借家権割合×賃貸割合）

・借地権の場合

自用地の価額×借地権割合＝借地権の価額

・貸宅地の場合

自用地の価額－自用地の価額×借地権割合

貸家建付地とは、アパートやマンション、貸戸建てなどの賃貸事業を行っているものです。自分で使っている土地と違って賃貸人がいるため、立ち退きをしないと自己使用できなかったり、売却をするのに立ち退き費用がかかったりするために、その分を減額します。自用地の分から賃貸人の権利を引く形ですが、借家権が発生していることが前提のため、駐車場のような一時貸しの形態には貸家建付地の適用はありません。借地権割合は路線価図に記載されており、借家権割合は全国一律30%です。賃貸割合とは賃貸している割合のことで、たとえば5戸中4戸埋まっていれば80%になります。

借地権の場合は、普通借地権の場合の計算方法で行います。定期借地権の場合は異なる計算方法なので注意が必要です。

貸宅地とはいわゆる底地のことです。

次に家屋ですが、こちらは原則として**固定資産税評価額が価額**となります。

アパートやマンションなどの貸家の場合は、次のように計算します。

貸家の評価額＝固定資産税評価額－固定資産税評価額×借家権割合×賃貸割合

計算式をすべて覚える必要はありませんが、収益不動産のときは減額の評価があったなとか、借地のときは減額の評価があったなというようなことを覚えておくと、相続対策を行う際に抜け漏れがなくなったり、相続対策でどういう不動産が相続に有利で、どういう不動産が不利なのかを考える際にも役立つと思います。

相続税評価の不動産の「形状・状況別」評価方法

前項では、不動産の種類別にどのような計算をするのかを解説しました。しかし、前述の計算式だと土地の形や現地の状況が違っても同じ評価になってしまいます。そのため、土地の形や現地の状況に応じた加算減算をしていく必要があります。ここではどういうものが加算減算の対象になるか見ていきましょう。

まずは、加算されるものですが、角地に面する不動産は加算の対象となります。道路が

1つの方向にしか面していない土地よりも評価が高いです。
減算の項目はいろいろあります。該当する場合には減算の対象となることがあります。

■土地の形状による場合

・奥行の長い土地
・不整形な土地
・敷地内に法地（がけ）がある場合
・道路と高低差がある場合

■その他、土地の状況による場合

・前面道路が狭い土地（セットバックが必要な土地）
・無道路地
・高圧線下で建築に制限がある土地
・土壌汚染のある土地
・埋蔵文化財がある土地

・近隣に墓地、ゴミ焼却施設がある土地
・高速道路、線路、踏切に接する土地
・敷地内に都市計画を含む土地
・区画整理中の土地

などが挙げられます。このように見ていくと、売却するなら減価要因になるもの、建築するとしたら制限がかかるもの、ということがわかります。相続税評価で減額にはなるが、実際の価格である時価のほうが減価するケースもあります。

相続税の計算で押さえておきたい特例・評価方法など

生命保険の評価の項で述べた「500万円×相続人の数」のように、相続税の申告では相続税を引き下げてくれる特例や評価などの制度があります。次項以降で代表的なもの、押さえていただきたい特例を説明していきます。

特例は、「相続発生後10か月以内」に相続税申告を行うことで使えるものがほとんどなので、申告期限までに特例が使えるようにしておくことも重要ですし、特例の要件が整うか否かは相続発生のときの状況で左右されるものも多いので、生前にしっかりと要件が整うように準備することも必要です。

後述する小規模宅地の特例など、大きく相続税を引き下げてくれる制度もあります。効果が大きいので相続税も大きく変わるため、相続税を徴収する税務署も慎重に判断を行います。適用できるか否かは必ず自己判断せず、専門家と一緒に対策を立ててください。特例、評価が使えるか否かで間違った判断をしてしまうと、生前対策では前提が大きく崩れてしまうので、他の財産の対策にも影響が出てしまいます。

大事なのは使えるか否か、また使えるどうかか微妙な場合は、使えた場合、使えなかった場合のどちらの場合も想定して対策を立てることです。

配偶者の税額軽減

相続税の計算で大きな効果を上げるのが配偶者の税額軽減です。夫婦で築き上げた財産なのでこのような措置を設けています。

配偶者の税額軽減とは、被相続人の配偶者が遺産分割協議や遺贈により実際に取得した正味の遺産額が、次の金額のどちらか多い金額までは配偶者に相続税がかからないという制度です。

①1億6000万円
②配偶者の法定相続分相当額

配偶者が相続財産を取得する場合、法定相続分相当額までは相続税がかからないので非常に大きな効果があります。たとえば、相続財産が5億円あり、子どもがいる場合は、2分の1が配偶者の法定相続分ですので、取得する相続財産の2億5000万円までは相続税がかかりません。

ただし、気をつけたいポイントは、そのときの相続で無税になったとしても、配偶者に相続が発生し、子がその相続財産を相続するときには改めて課税対象になるということです。仮に夫が先に亡くなり、妻が後になった場合、夫の相続を1次相続、妻の相続を2次相続といいます。1次相続で妻に多く相続させた場合は、2次相続時に多くの相続税がかかる可能性があるので、相続税の節税の観点からいえば、1次相続と2次相続の相続税の合計額のいちばん低い「1次相続の遺産分割割合で配偶者に相続させること」で相続税が最も抑えられます。夫婦間で年齢差がある場合などは、配偶者が相続した後に配偶者が亡くなるまでに節税対策などを行った場合、配偶者の相続財産額が変わる可能性があるので、そのような点も考慮して2次相続対策を行います。

前述したように配偶者の税額軽減はとても効果の高い制度ですが、相続税の申告を提出することが適用要件となります。そのため、配偶者の税額軽減を受けると相続税がかからないという場合でも相続税の申告が必要ですので注意が必要です。

小規模宅地の特例

被相続人が所有していた宅地の財産評価が一定の要件の下で減額されるという特例です。**図2-7**をご覧ください。特定居住用、特定事業用、貸付事業用など、聞きなれない用語が多いですが、かみ砕いて説明すると、

図2-7

相続開始の直前における宅地等の利用区分			要件		限度面積	減額される割合
被相続人等の事業に供されていた宅地等	貸付事業以外の事業用の宅地等		①	特定事業用宅地等に関する宅地等	400㎡	80%
	貸付事業用の宅地等	一定の法人に貸し付けられ、その法人の事業（貸付事業用を除く）用の宅地等	②	特定同族会社事業用宅地等に該当する宅地等	400㎡	80%
			③	貸付事業用宅地等に該当する宅地等	200㎡	50%
		一定の法人に貸し付けられ、その法人の貸付事業用の宅地等	④	貸付事業用宅地等に該当する宅地等	200㎡	50%
		被相続人等の貸付事業用の宅地等	⑤	貸付事業用宅地等に該当する宅地等	200㎡	50%
被相続人等の居住の用に供されていた宅地等			⑥	特定居住用宅地等に該当する宅地等	330㎡	80%

・**特定居住用**……被相続人が相続発生時に住んでいた宅地。
・**特定事業用**……被相続人、被相続人と生計を一にしていた被相続人の親族が事業をしている宅地。
・**貸付事業用**……アパートやマンションなどの貸家がある宅地。

というイメージです。

この制度を適用する場合は、誰がその宅地を相続するかで制度が使えるか否かが変わります。また、2世帯住宅の場合、老人ホームに入居している場合なども取り扱いが変わります。さらに申告期限まで保有することといった要件などもあるので注意してください。

使える場合は次のようになります。

・被相続人＝夫、相続人＝妻、子×2人
・自宅の宅地　面積500㎡、財産評価1億円、相続するのは

妻

・1億円×（330㎡／500㎡）×（1－80％）＋1億円×（170㎡／500㎡）＝4720万円

500㎡のうち330㎡分が20％になり、170㎡は特例の適用がないという計算です。特定居住用であれば20％まで減額されるので大きな効果を生みます。

自宅の宅地、事業を行っていた宅地、貸付事業用などを複数持っている場合は、どうでしょうか。図2-8は、組み合わせによる限度面積です。組み合わせによって異なる計算方法により、併用することができます。どの組み合わせが有利かは、その宅地の評価によって変わりますので、どの宅地に適用するかということも重要です。

貸付事業用の場合でも都心など元の評価が高い宅地だと、面積、割合が低かったとしても効果が高い可能性もあります。たとえば次のような場合です。

図2-8

	特例の適用を選択する宅地等	限度面積
1	特定事業用等宅地等（①または②）及び特定居住用宅地等（⑥）（貸付事業用宅地等がない場合）	（①+②）≦400㎡⑥≦330㎡ 両方を選択する場合は、合計730㎡
2	貸付事業用宅地等（③、④または⑤）及びそれ以外の宅地等（①、②または⑥）（貸付事業用宅地等がある場合）	（①+②）×200/400+⑥×200/330+（③+④+⑤）≦200㎡

・自宅　路線価10万円、面積330㎡
評価　10万円×330㎡＝3300万円
小規模宅地の特例　3300万円×（1－80％）＝660万円
評価の減額　▲2640万円

・賃貸アパート　路線価90万円、面積200㎡、借地権割合70％、借家権割合30％、賃貸割合100％
評価　90万円×200㎡×（1－70％×30％×100％）＝1億4220万円
小規模宅地の特例　1億4220万円×（1－50％）＝7110万円
評価の減額　▲7110万円

このように元々の宅地の評価が高いと面積、割合が低くても評価の減額が大きくなります。極端に見えるかもしれませんが、この例は横浜の地主さんに資産の組替えの際に東京の不動産を購入してもらったときの実際の路線価を使用していますので、現実として起こりうる数字です。逆もしかり、地方の路線価の低い場所では小規模宅地の特例の効果も低くなりますので、制度の強み、弱みを知ってうまく活用することが重要です。

面積の大きい宅地の評価

面積の大きい宅地は、価格的にも、規模的にも一般のエンドユーザーが購入することが難しく、戸建の分譲業者が購入し、建物を建て分譲する場合があります。その場合に、一般のエンドユーザーが購入する宅地とは違い、戸建の分譲業が購入後、複数区画の宅地を作る際に、道路を新設し、分譲を行うケースがあります。

たとえば、100㎡がそのエリアで標準の宅地の大きさの場合、100㎡だと丸々100㎡を宅地として利用できますが、仮に宅地が1000㎡で、道路を新設し8区画前後に分割する場合、土地の大きさ1000㎡に対して戸建分譲業者が実際に販売するのは800㎡前後のため、戸建分譲業者が購入する価格は8区画の戸建分譲を行ったときに採算のとれる仕入れ価格になります。このようなケースでは、宅地を売却する（戸建分譲業者が購入する）際に、同じ立地の不動産でも、土地の面積の大きさによって1㎡当たりの単価に差が出ます。

そのため、平成29年12月末までは広大地の評価という評価方法を用い、面積の大きい宅地の評価を減額していました。計算方法は、次の通りになります。

・広大地の価額＝広大地の面する路線価×広大地補正率×地積

・広大地補正率＝0・6－0・05×（広大地の地積／1000㎡）

広大地の評価は、大規模な工場用地、マンション用地ではなく、戸建分譲が最有効活用方法で、面積が1000㎡以上（三大都市圏では500㎡以上）、戸建の分譲をするときに道路などの公共公益施設用地を造らなければいけない場合に利用することができました。この広大地の評価の計算式を使用すると、道路などの公共公益施設用地の大きさの大小にかかわらず前記の式で評価をしました。

しかし、平成29年10月の改正財産評価基本通達で、面積の大きい宅地に使用できた広大地の評価が改正され、平成30年1月より、「地積規模の大きな宅地の評価」を新設すると公表されました。新たに「規模格差補正率」が設けられ、「地積規模の大きな宅地」を戸建住宅用地として分割分譲する場合に発生する潰れ地や、工事・整備費用、開発分譲業者の事業収益・事業リスクなどの負担による減価が反映されます。

従前の広大地の評価が廃止され、規模格差補正率になることで、広大地の評価が利用できた方は、使えなくなることで評価額が上がります。そのため、広大地の評価を前提に相続対策を検討されていた方は相続対策を見直す必要があります。

時価評価と相続税評価の違い

今まで説明してきたのは、相続税の計算で使う相続税評価です。相続税評価は、相続税と贈与税の計算のときに使う評価方法です。そのため、遺産分割を行うときの評価方法ではないことに注意することが必要です。また、相続対策で資産を守る、殖やすとか、相続税を節税するという話をするときに、時価評価の話が置き去りになることが多いですが、忘れてはいけないのが、相続税の節税は、相続税評価を引き下げることが目的ではなく、あくまで時価評価の資産の最有効活用を行い、相続税を低減し、資産に対しての相続税の比率を下げ、手残りの資産を殖やすための手段であるということです。士業の方や保険代理店、ＦＰなど、多くの業種が相続対策を行う場合、この不動産の時価評価の考え方がないので、遺産分割で的を射ない評価で分割を計画したり、相続税の節税も本当に資産が減っているのか殖えているのかという計算をしないなかで対策を進めている現実があります。内容は後述しますが、アパート建築、価値の下がる土地の分割など、相続税を節税しているというよりも、資産の価値を減らすことで相続税が低減しているケースがとても多いです。相続税評価と節税額だけにフォーカスしてしまうと、時価評価の価値を守り、相続税の低減をするということにはならないので注意が必要です。首都圏のアパート建築では多くのケースが相続税評価を下げようとして、相続税評価以上に時価評価が下がってしまっています。これでは本末転倒です。この時価評価と相続税評価を把握するというのはとても大切な考え方なので、しっかりと押さえましょう。

遺産分割時に気をつけるべき時価評価と相続税評価

前項では、相続税の計算と遺産分割の評価が違うこと、相続税の節税対策を行うときも相続税評価だけを見るのではなく、時価の価値を守りながら相続税評価の低減を行うことが大切だとお伝えしました。

本項では遺産分割の注意点を具体的にお伝えしたいと思います。第1章の事例②（P19参照）でも取り上げましたが、相続税評価と時価評価を間違えてしまうと遺産分割の基となる財産の評価額を間違えてしまいます。遺産分割で揉める場合、遺言がなければ法定相続分、遺言があれば遺留分の配分で揉める形になりますが、不動産の評価方法で大きく財産額が変わるので、不動産の評価方法を巡り争いになることがよくあります。

私も相続対策の現場で時価と評価に大きな乖離《かいり》がある不動産をよく見ますので例を挙げて解説しましょう。

■東京の収益不動産

・時価評価　3億円

・相続税評価　8000万円

■東京の区分所有マンション

・時価評価　5000万円

・相続税評価　1700万円

■神奈川県の収益不動産

・時価評価　3億円

・相続税評価　1億円

■神奈川県の収益不動産

・時価評価　1億3000万円

・相続税評価　5000万円

■神奈川県の古屋付土地

・時価評価　7000万円

・相続税評価　2300万円

■神奈川県の区分所有マンション

・時価評価　2000万円

・相続税評価　　５００万円

■神奈川県の古屋付土地

・時価評価　　１８００万円

・相続税評価　　２２００万円

■神奈川県の古屋付土地

・時価評価　　７００万円

・相続税評価　　４０００万円

■埼玉県の土地

・時価評価　　４億円

・相続税評価　　３億円

ざっと挙げただけでもこれだけの事例があります。今回挙げたほとんどの例が実際に取引した価格なので、その時点での正確な時価といえるでしょう。これだけ時価と相続税評価に乖離があるので、相続税評価のみで遺産分割を行ったら遺産分割争いになっても無理はありません。遺言をすでに作っている方は遺言作成時にどの財産評価で分割内容を決めたのか今一度確認してみてください。多くの方が時価評価、相続税評価の両方を確認せずに遺言を作成しているので、すぐに見直しが必要かもしれません。また、これから遺言を作成する方は時価評価を加味した遺言を作成してください。

相続税の節税対策、納税対策よりも、遺産分割対策が大切だと多くの方が言います。私も同感です。しかし、遺産分割の基となる時価評価による評価をほとんどの方がしていないのが現実です。時価評価と相続税評価の両面から評価を行い、相続対策を行うことが大切です。

不動産の価値

不動産の価値が時価と相続税評価で大きく変わり、資産を殖やしたり守ったりする過程においても、相続税評価をベースに考えるのではなく、時価評価をベースに考える重要性をお伝えしました。では、不動産の時価はどのように決まるのでしょうか? また、相続税評価と時価の関係はどのような関係になるでしょうか?

不動産は一物四価とも一物五価、一物六価ともいわれます。多くの評価方法がありますので、順を追って見ていきましょう。

- **公示価格**……一般の土地の取引価格に対して指標を与えるとともに、公共事業用地の取得価格の算定基準として国が　定めた土地鑑定委員が判定する。
- **基準値価格**……地価公示と合わせた一般の土地取引の指標。都道府県知事が定める。
- **相続税路線価**……相続税や贈与税を算定する基準。国税局が定める。
- **固定資産税路線価**……固定資産税を算定する基準。市町村長が定める。
- **査定価格**……その不動産を売却したらいくらになるかを不動産業者が査定した価格。
- **不動産鑑定価格**……不動産鑑定士により鑑定を行った価格。

このように不動産の価値を把握するためにはさまざまな方法があります。この評価方法の関係は**図2-9**のようになります。公示価格、基準値価格、相続税路線価、固定資産税

図2-9

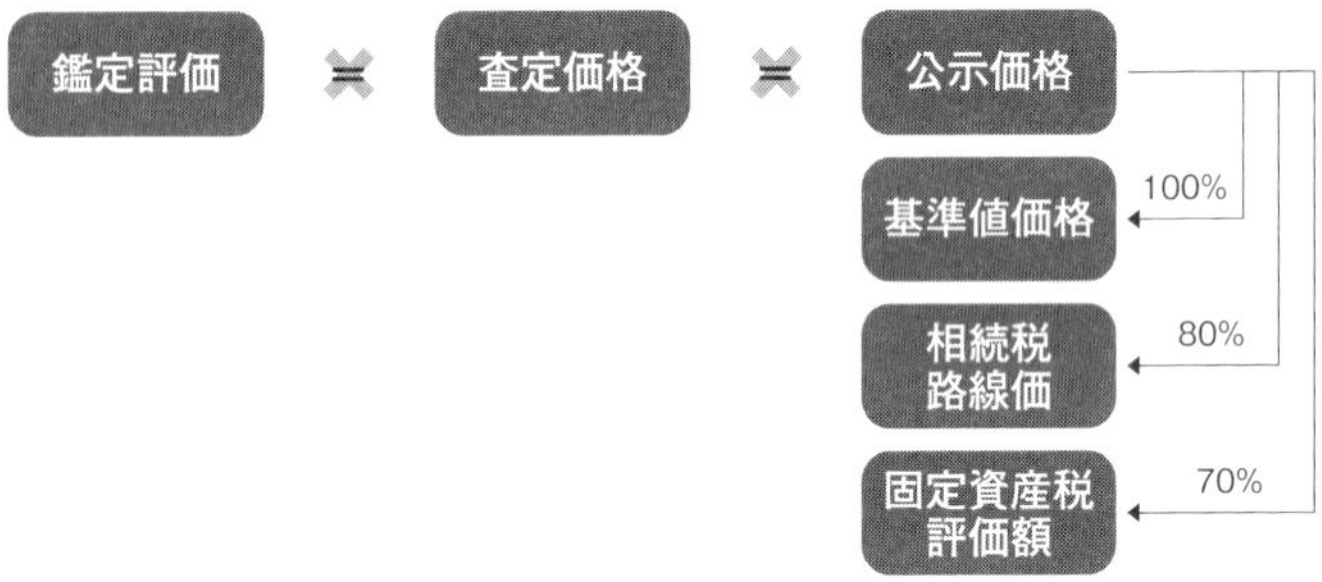

路線価は、公示価格、基準値価格をベースに、80%が相続税路線価、70%が固定資産税路線価となります。この公示価格、基準値価格、相続税路線価、固定資産税路線価は公開されているものです。

また、相続税路線価は税理士の方でも親しみやすい評価方法だと思います。相続税路線価がわかると、80%で割れば公示価格がつかめるので親しみやすいせいか、公示価格=時価と説明する方がとても多いです。前項で説明したように、相続税評価と時価は80%という関係にはなりません。あくまで公示価格は参考指標です。

では、相続ではどの評価方法を使えばよいのでしょうか?

相続税評価には相続税路線価を使えばいいでしょう。時価については、査定価格と不動産鑑定価格を使い分けて考えるのがよいでしょう。不動産鑑定士に鑑定評価を依頼すると1件当たり数十万円単位で費用がかかります。この鑑定は鑑定を行った時点の評価のため、1年後も2年後も同じ評価かというとそうではありません。相場も変わりますので、当然評価額も変わります。実際の申告では、評価の引き下げなどを行う際に不動産鑑定価格を使います。また、遺産分割争いになった場合なども不動産鑑定価格を使います。

通常、相続対策を行うなら査定価格で十分でしょう。信頼できる不動産のコンサルタントがいれば、不動産のコンサルタントでもよいと思いますが、そのような方がいない場合は不動産業者に複数社聞いてみてもいいでしょう。

不動産の査定を算出する際に行う価格の算出方法は主に**図2-10**のようになります。この算出方法自体は不動産鑑定とも通じます。

取引事例比較法は、多数の取引事例を基に適切な事例を選択し、不動産ごとに異なる事情や事例、査定時点を考慮して修正を行います。対象不動産のエリアに取引事例が少なく、類似したエリアの事例を使う場合には地域要因も補正します。実需といわれる買主が実際に住んだり、使用したりする不動産の場合、この取引事例比較法を用います。一般的に想像される不動産業者はこの取引事例比較法を使って普段の業務を行っています。業者が買い取る際には、事業を行った場合に土地をいくらで仕入れるかという計算になります。

図2-10

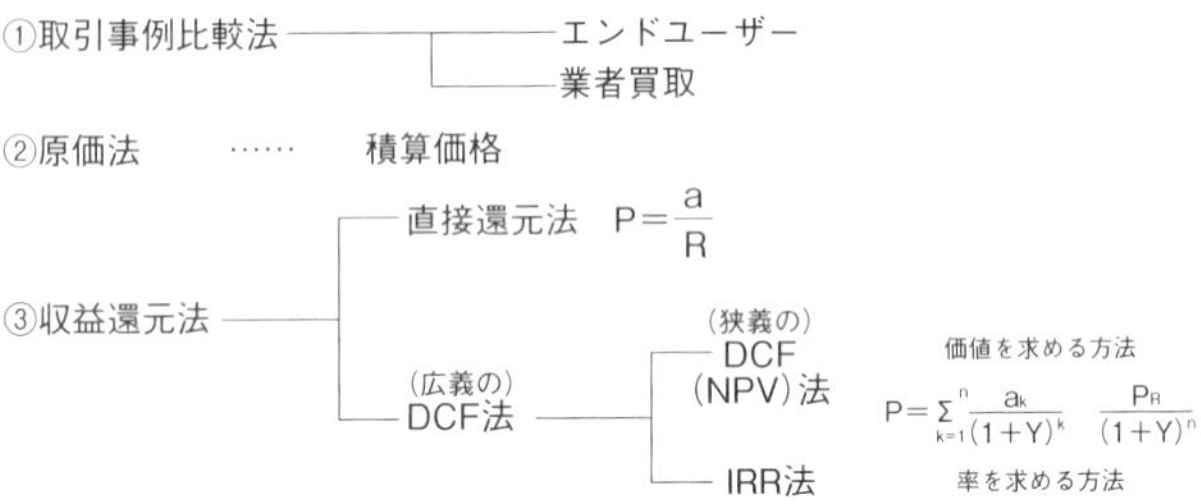

原価法は、査定時点における土地及び建物を再調達し、減価修正を行う方法です。土地は取引事例比較法及び収益還元法、建物は今ある建物を標準的な工事費で再建築した場合の価額を求め、耐用年数などに基づく減価を行います。査定の場面ではあまり使いませんが、借地権、借家権の評価実務などで行われる方法です。

収益還元法は、対象不動産が将来生み出すであろうと期待される純収益の現在の価値を求める方法です。収益還元法は直接還元法とＤＣＦ法に分かれます。さらにＤＣＦ法は、ＤＣＦ法（ＮＰＶ）法とＩＲＲ法に分かれます。ＤＣＦ（ＮＰＶ）法とＩＲＲ法は求める式は同じですが、価値を求めるのか率を求めるのかが違います。不動産業者や一般投資家の多くが表面利回りを基準にしていますが、表面利回りはテナントが１００％入ったときの家賃を物件価格で割ったものです。表面利回りはあくまで不動産の価格に対する収入の規模を簡便的に見るものなのでアテにはなりません。空室損失や経費を引いたものが営業純利益で、営業純利益をベースに一期間の純収益を投資家が求める利回りで割ったものが直接還元法で、連続する複数の期間の純収益及び売却損益を発生時期に応じて現在価値に割り引き、それぞれを合計する方法がＤＣＦ法です。

このように不動産の査定といっても対象不動産の種類が、買い手が直接使用するものなのか収益を生む投資として考えるのかによっても算出方法が違います。とくに収益不動産は対象不動産の価額が大きくなるにもかかわらず、的確に投資分析を行えるコンサルタントが少ないのも現状です。

評価方法に複数種類があったり、評価方法のなかにさらに算出方法が含まれるので難しく感じると思います。しかし、皆さんがこの算出方法を覚えて時価を算出する必要はありません。現状では、成約の事例を手に入れるのが難しいので、プロに頼む領域です。資産を守る、殖やすというのは、言い換えると時価評価の純資産を守る、殖やすともいえますので、相続対策を進めるうえでは時価評価を把握することは大切な作業です。

第 3 章

現状分析

現状分析の重要性

相続対策を進めるうえで大事なのは、現状をしっかりと把握して問題や課題を見つけ、その問題や課題に対して対策を取ること。目標を定めて現状と目標のギャップを埋める対策をすることです。つまり大事なのは「現状分析」です。

文字にすると当たり前のようですが、時価評価と相続税評価で資産全体、資産個別の現状分析を行い、相続対策をしている方は皆無に近いと思われます。

また、相続対策でお客様の現状を分析させていただくと、不動産賃貸経営、生命保険、有価証券など、すすめられたままに行ってしまった資産がとても多いことがわかります。すすめられた商品を購入すること自体は悪いことではありませんが、問題点や課題に合わない商品を購入しても、相続税の納税資金の原資となる現金を使ってしまったり、相続税は減ったが資産も目減りしたという状況にもなりかねません。対策を実行する前に、その対策をすると相続税がどう変化するのか、時価はどう変化するのか、納税資金はどうなるのか、遺産分割はどうなるのかをシミュレーションすることで、自分にとってよい対策なのか悪い対策なのか判断することができます。

本書の冒頭でも触れた、「部分」ではなく「全体」を見据えた相続対策を行うために、こうした現状分析は必要不可欠です。しっかりと現状分析を行って相続対策を進めれば、大きな失敗はしないでしょう。仮に悪い結果が出ても、現状を分析し、シミュレーションをしているので、何が原因かを追究し、改善することもできます。改善してよくなったら目標を上方修正して、新たな目標と現実のギャップを埋める。この繰り返しです。しっかりと現状を把握し相続対策を進めましょう。

分析すべき現状とは

ここまで、相続人は誰なのか、相続財産を時価評価と相続税評価する方法を見てきました。相続税評価で資産がいくらあるのか、時価評価で資産がいくらあるのかがわかれば、相続税を計算することもできますし、時価評価がわかっているので、遺産分割が決まっている場合には、遺言がない場合の法定相続分、遺言がある場合の遺留分には足りているのかということも比較できます。遺産分割が決まっていない場合には、時価評価の資産額から法定相続分、もしくは遺留分を計算して財産を選ぶこともできるでしょう。
「不動産の価値」のところでもお伝えしましたが、相続税評価と時価評価には乖離があります。ということは、相続に有利な不動産と不利な不動産があるということです。それであれば相続に不利な不動産を減らし、有利な不動産を殖やすといった相続対策をすることもできます。

ここまで学んだことで、不動産の価値はわかってきました。しかし、この数字だけを使って判断をすることがはたして正しいのでしょうか?

不動産には不動産ごとに異なるリスクや問題、課題があります。また、マイホームのように被相続人が実際に使用している不動産と家賃収入を生む不動産を価値だけで見比べていいものでしょうか。相続人の立場で考えると、土地は広いが築が古く、駅から遠い実家を相続するのと、土地は狭いが家賃収入を生む賃貸アパートやマンションを受け取るのと、価値は同じでも同等に考えて遺産分割をするでしょうか。また、現在の不動産経営に問題や課題があるのであれば、その問題や課題を解決しないままで子どもに引き継いでいいのでしょうか。今の段階で考えられるリスク、問題や課題を解決したり、賃貸経営に改善すべき点があれば改善して相続させてあげたり、しっかりとした賃貸経営のノウハウを相続させてあげることで、相続人の相続後の生活が変わるのです。

納税資金が必要なために収益不動産を売却する場合には、高い家賃で満室経営を行っていたほうが高く売れるでしょうし、保有していく場合も、マイナスからスタートするよりも家賃収入がしっかり入り、適切な運営状態の収益不動産を相続するほうが相続人もスムーズに賃貸事業を承継できます。

収益不動産の分析は、被相続人だけではなく、相続予定の方もぜひ一緒に取り組んでいただくことをおすすめします。たとえば、サラリーマンが急に大家さんになると何から手をつけてよいかわからずとても苦労します。また、現状を分析し、改善していく過程で相続人も賃貸経営に関してのノウハウを蓄積し、相続後の経営もスムーズに行えます。

本章では、前章までに学んだ相続税評価や時価評価を使うだけではなく、不動産ごとに異なる固有のリスク、収益性の観点も考慮して現状を分析していきます。この現状分析をしっかり行うことができれば、的外れな相続対策をすることもないでしょうし、自分の家族構成、資産構成に合わせた相続対策を行うことができるようになります。

不動産別固有のリスクと課題

　財産評価を先行して行っても、数字には表れない不動産ごとに異なるリスクや課題が存在します。そのリスク、課題は不動産の価値に大きな影響を与えるかもしれません。価値に影響を与えるだけでなく、費用が発生する場合は、被相続人の代で行えば相続財産はその分減りますが、相続税を支払った後の財産から支出を行うことになると相続税と費用の二重払いになってしまいます。また、権利に関するものは被相続人の代では近所づきあいがあって簡単に解決できたものが関係の浅い相続人の代に変わることで解決が難しくなることも少なくありません。なかには事前に把握することが難しいリスクや課題もありますが、多くは事前に確認し、把握することができます。リスクや課題を早い段階で把握し、除去することで不動産の価値が上がったり、相続税を減らしたり、相続人にリスクや課題を残さず、嫌な思いをさせないですみます。

　このような対策は、相続税の節税や遺産分割対策には繋がらないかもしれませんが、相続人の相続後の手間暇、時間、心労を考えると立派な相続対策です。ぜひ取り組んでいただきたい相続対策でもあります。考えられるリスクや課題を次に記しました。不動産は個別性が高く、次に記したリスクや課題以外のこともあるでしょう。しかし、チェックするだけでも多くのリスクや課題に対処・対策を打つことができます。

・境界が確定しているか
・境界が越境されていないか、またはしていないか
・専有物の有無
・給排水管が越境されていないか、またはしていないか
・地中内埋設物の可能性
・土壌汚染の可能性
・法面の有無
・隣接地の傾斜
・道路との高低差
・給排水、ガス管の高さ
・建物瑕疵《かし》

・既存不適格
・耐震性
・アスベスト
・セットバック
・権利関係
・私道持ち分
・通行掘削の承諾書
・建物賃貸借と駐車場賃貸借の関係
・嫌悪施設
・高圧線
・計画道路
・埋蔵文化財
・ごみ置き場
・近隣トラブル

賃貸不動産経営をするうえで知っておきたい財務諸表

不動産賃貸経営を行ううえで、所得税の計算に使う「損益計算書（プロフィット・アンド・ロス・ステイトメント。以下、P／L）」、手取りの収入を把握する「キャッシュフロー計算」、不動産の価値を映す「貸借対照表（B／S）」といった財務諸表と付き合う必要があります。

不動産の価値を出す際の収益還元法のDCF法の説明で、不動産の収益価格とは「本来連続する複数の期間に発生する純収益と売却損益をその発生時期に合わせて現在価値に割り引いて合計したもの」と説明しました。かみ砕いていうと、家賃収入から経費などを控除したキャッシュフローと、売却したときの損益を現在の価値に直したものということです。不動産を売却する予定はないという方でも仮に何年後かに売却したらどうなるかと仮定することで不動産の価値を知ることができます。

不動産の価値を知るには貸借対照表（B／S）を使います。投資効率を見るときは税引き後のキャッシュフローを見たいので、所得税を計算するための損益計算も必要です。

また、不動産賃貸経営を行う方の多くが借入れをします。借入れの返済において、金利は経費になりますが、元金は経費になりません。経費にならない元金は損益計算では登場しませんが、キャッシュフローでは登場します。減価償却は逆に損益計算では登場しますが、キャッシュフローでは登場しません。このように、損益計算書（P／L）、キャッシュフロー計算、貸借対照表（B／S）を考えておかないと、実際の手取り収入はいくらなのか、資産は殖えているのかどうかが把握できません。

とくに財務諸表はとっつきにくいと感じるかもしれませんが、相続税の計算や評価と同じで、すべてを理解して自分で計算できるようになる必要はありませんのでご安心ください。お金がどのように流れ、どのように税金がかかるかという枠組みを知っていただくだけでも、対策を設計する際に具体的に考えることができます。

次項から一つずつ見ていきましょう。

損益計算書（P／L）

損益計算書（P／L）とは、一定期間の収益と費用を計算し、利益（または損失）を計算するものです。法人で決算書といわれる財務諸表の一つです。個人の場合は損益計算書（P／L）ではなく、白色もしくは青色申告ですが、基本的な収益と費用の流れは一緒です。ここでは税金の申告の方法をお伝えしたいのではなく、あくまで不動産賃貸経営の経営者として損益計算の考えを学んでいただきたいので、損益計算書（P／L）を用いて説明します。

図3-1

損益計算書（P/L）

	売上
−	売上原価
	売上総利益
−	販売費及び管理費
	営業利益
−	営業外損益
	経常利益
−	特別損益
	税引き前当期純利益
−	法人税等
	当期純利益

　損益計算書（P／L）は**図3-1**のように構成されています。上から見ていきますが、家賃収入は「売上」に計上します。不動産賃貸経営の場合、売上＝家賃収入を得るための仕入れはありませんので「売上原価」はありません。不動産を購入して賃貸しているので、不動産を購入することが仕入れではないかと思う方もいると思いますが、購入した不動産は仕入れではなく、資産として計上し、損益計算書（P／L）ではなく貸借対照表（B／S）に計上されます。そのため、売上＝売上総利益となります。

　次に「販売費及び管理費」ですが、不動産賃貸経営の場合、不動産管理会社に支払う管理料、火災保険、固定資産税、現状回復に伴う修繕費、減価償却費、水道光熱費、広告費など、運営するうえでのランニングコストが販売費及び一般管理費に当たります。

「営業外損益」は、敷金、保証金などの一時金を金融機関に預けて得る利息や、自動販売機を設置している場合に得られる収入など、本業以外から得る収入や、不動産購入または建物建築時に組んだ借入れの支払利息など、本業以外で発生する費用のことです。

この営業外損益を加減したものが、「経常利益」となります。

「特別損益」は、本業以外で出る臨時の損益となり、特別損益を計算したものが、「税引き前当期純利益」になります。税引き前当期純利益で確定した利益に対して税金が決まり、税金である法人税を引いたものが、「当期純利益」となります。

ここで着目したいのは、税金を計算するために、損益計算書（P／L）は収入がいくらで、費用がいくらだったかを計算しているということです。損益計算書（P／L）では、実際にお金が出ていかない「減価償却」が費用に計上され、実際にお金が出ていく「借入金返済額」の元金部分は費用には計上されません。また、大規模修繕や通常の修繕を超えるリノベーションのような工事は、販売費及び管理費ではなく、時間をかけて減価償却を行っていきます。

損益計算書（P／L）は、税引き前当期純利益までで、収入と支出を差し引きして税金がかかる部分の課税所得を計算しますが、よく見ると税引き前当期純利益までの間に現金という勘定はありません。そのため、損益計算書（P／L）は黒字だけど、キャッシュフローでは赤字という現象も起きます。リーマンショック後の2008年に倒産した上場企業の半分が黒字倒産です。

このように損益計算書（P／L）だけでは、税金の計算上で儲かっているのかいないのかしかわからないので、実際にお金の流れがわかるキャッシュフローの計算が必要になるのです。だからといって損益計算書（P／L）よりキャッシュフロー計算のほうが優れているということではありません。不動産賃貸経営だけではないですが、経営を行ううえでは、実際のお金の出入りと税金の双方をコントロールして経営を進める必要があります。

3つの貸借対照表（B／S）

貸借対照表（B／S）とは、ある時点における資産、負債、純資産の状態を表す財務諸表です。図3-2は貸借対照表（B／S）の勘定科目です。現金、預金、不動産、有価証券などが資産で、住宅ローン、収益不動産の借入れなどが負債です。そして資産から負債を引いたものが純資産となります。資産のなかでも現金化しやすいものが流動資産、現金化しにくい土地、建物などは固定資産です。負債は、支払いの期限が1年以内のものを流動負債、1年以上のものを固定負債といいます。このように文字で見てもわかりづらいと思います。**図3-3**は貸借対照表（B/S）を簡略化し、グラフで表したものです。

図3-2

			勘定科目名
資産の部	流動資産	当座資産	現金
			預金
			現預金小計
			受取手形
			電子記録債権
			売掛金
			有価証券
			その他の当座資産
			棚卸資産
		その他の流動資産	前渡金
			前払費用
			繰延税金資産
			短期貸付金
			未収入金
			未収還付法人税等
			立替金
			仮払金
			仮払消費税等
			不渡手形
			その他の流動資産
			貸倒引当金
			流動資産合計
	固定資産	有形固定資産	建物
			建物附属設備
			構築物
			機械及び装置
			船舶
			車両運搬具
			工具、器具及び備品
			土地
			リース資産
			建設仮勘定
			その他の有形固定資産
			減価償却累計額
			小計
		無形固定資産	のれん
			借地権
			ソフトウェア
			電話加入権
			小計
		投資その他の資産	投資有価証券
			出資金
			敷金
			長期貸付金
			長期前払費用
			長期繰延税金資産
			差入保証金
			貸倒引当金
			小計
			固定資産合計
	繰延資産		創立費
			加入金
			開業費
			繰延資産合計
			資産の部合計

			勘定科目名
負債・純資産の部	負債の部	流動負債	支払手形
			電子記録債務
			未払金
			未払費用
			未払い法人税等
			未払い消費税等
			繰延税金負債
			前受金
			預り金
			前受収益
			仮受金
			仮受消費税等
			預り源泉税
			割引手形
			割引電子記録債権
			賞与引当金
			その他の流動負債
			流動負債合計
		固定負債	社債
			長期借入金
			役員借入金
			長期未払金
			長期繰延税金負債
			退職給付引当金
			その他の固定負債
			固定負債合計
			負債の部合計
	純資産の部	資本剰余金	資本金
			資本準備金
			資本金及び資本準備金減少差益
		利益剰余金	自己株式処分差益
			利益準備金
			別途積立金
			積立金
			繰延利益剰余金
			自己株式
			株主資本計
		評価・換算差額等	その他の有価証券評価差額金
			繰延ヘッジ損益
			新株予約権
			純資産の部合計
			負債・純資産の部合計

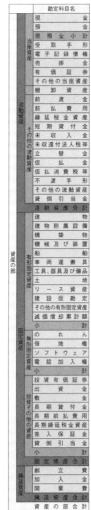

損益計算書（P／L）は税の計算のための机上の会計でしたが、貸借対照表（B／S）は現金がいくらあるのか、負債がどのくらいあるのかなどを映します。

毎年上がる収益は、資産として計上されます（損失の場合は減る）。損益計算書（P／L）上で経費として計上していた減価償却費は、経費として計上した分の減価

図3-3

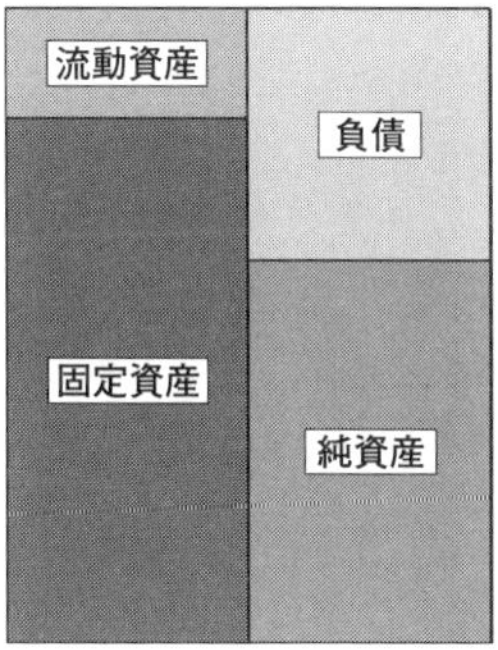

償却費が貸借対照表（B／S）上の建物価額から引かれますが、実際にお金は出ていきません。経費として計上できる減価償却費はそのまま節税になると思われる方も多いのですが、貸借対照表（B／S）では、減価償却を費用計上した分、建物の価格が減っていきますので、売却する際には、減った建物価格が原価になり、売却価格との差に譲渡税（法人の場合は法人税）がかかってきますので、減価償却費を損益計算書（P／L）で計上するうちは所得税の節税効果はありますが、売却時の譲渡税（法人税）はその分課税されるということとなります。そのため、所得税の効果、譲渡税（法人税）の効果を適格に判断していく必要があります。個人の場合は、所得税が上がるたびに税率が上がる累進課税なので、法人と個人の場合でどちらが有利なのかも検討項目となります。

財務諸表で使う貸借対照表（B／S）での価額を簿価（帳簿価額の略称）と呼びます。ところで、この形どこかで見たことありませんか？　第2章「相続税の計算」（P34参照）で相続税の計算の基礎となる相続財産を表した図と似ていますよね。相続税の計算もプラスの資産とマイナスの資産があり、差し引きしたものに相続税がかかってきました。相続税の計算は相続税評価での貸借対照表（B／S）を作成しているようなものなのです。

「簿価での貸借対照表（B／S）」、「相続税評価での貸借対照表（B／S）」と2種類の貸借対照表（B／S）が出てきました。同じ貸借対照表（B／S）でも、評価の仕方で価額が変わるということがわかったところで、もう一つ押さえるべき貸借対照表（B／S）があります。それは「時価評価での貸借対照表（B／S）」です。簿価ベースでは建物は税法上の減価償却率で償却していき、土地は購入価格でしたが、この時価評価での貸借対照表（B／S）では、不動産を時価で考えた貸借対照表（B／S）となり、現状を映す鏡のようなもので、本当の資産はいくらなのかを見るための貸借対照表（B／S）なのです。

帳簿価額の簿価の貸借対照表（B／S）はあくまで机上の帳簿価額で、相続税評価での貸借対照表（B／S）は相続税と贈与税の計算で使う価額、現状を反映した富の大きさを表す評価としては時価ベースで財産を引き直した貸借対照表（B／S）で考えるのが健全でしょう。資産を守る、殖やすといった場合はこの時価評価での貸借対照表（B／S）における純資産を殖やす、守るということです。相続対策では、この定義が曖昧なまま相続対策を進めてしまうプロやお客様がほとんどなので、このポイントはしっかりと押さえていただきたいと思います。

また、時価ベースの貸借対照表（B／S）を意識していないと、アパートやマンションを建築したり、収益不動産を購入したりして、家賃収入で現金が手元に入ると、資産が殖えた気になります。アパートやマンションを建築することで、更地のときは取引事例比較法だった時価ベースの資産が、収益還元法に評価方法が変わるために、資産が目減りしていたり、収益不動産を購入する際も売却価格を見越したり、将来的な価値を考えるとマイナスやリスクに見合わない収益になっていても気づけません。将来の資産を早めに食い潰していることに気づかず、入ってきた収入をストックしたり、再投資したりせずに生活費などに使ってしまうと、気づいたときには手の施しようのない状態になっている場合もあります。

最後に、貸借対照表（B／S）の見方について説明します。

貸借対照表（B／S）を見るときに皆さんはどこから見ますか？　貸借対照表（B／S）

は左側が資産、右側が負債と純資産ですが、左側から見る方が多いと思います。私も昔はそうでした。

貸借対照表（B／S）の構成は、左側の資産の部は、上から現金化しやすい資産の順に並び、右側の負債と純資産は下から資金調達が難しい順に並んでいます。資産の部は現金や預金などの現金もしくは現金化が容易なものが上に配置され、不動産は下に配置されています。負債と純資産の部は、短期借入金よりも長期借入金のほうが借入れは難しく、第三者に借りる長期借入金よりも自分自身の資産である純資産を殖やすのは難しいというイメージです。

では、金融機関やコンサルタントがどういう順番で見るかというと、右下から右上、左下から左上という順番で見ていきます。右側の負債と純資産で資金調達した結果が左側の資産を生んでいるのです。左側から見てしまうと資産の大きさばかり気になりがちですが、右下の純資産から見ていくとどのようにして資産を築いているかという視点に変わります。

損益計算書（P／L）と貸借対照表（B／S）があると、損益計算書（P／L）の売上ばかりが気になるものですが、貸借対照表（B／S）は現実を映す鏡です。損益計算書（P／L）で売上を見落としても破産することはありませんが、現金がなくなる、純資産がマイナスになるという現実を見落とすと破産します。貸借対照表（B／S）は資産を殖やす、守るという観点でも、相続税の計算をするうえでも大事な財務諸表なので、とっつきづらいですが、しっかりとお付き合いいただくことが大切です。

キャッシュフロー計算

前項までで損益計算書（P／L）、貸借対照表（B／S）を見てきました。資産を守る、殖やすということは、建物の価値などが減価したり、生活のためにお金を使って支出をしたなかで時価ベースでの貸借対照表（B／S）の純資産を殖やすということです。その純資産を守り殖やすためには、収益を上げる必要がありますが、税金を計算する損益計算書（P／L）と現実のお金の出入りのキャッシュフローを理解し、効率よく収益を上げる必要があります。逆にいえば、キャッシュフローを理解していないと、実際のお金の出入りがわからないので、現金の出入りが効率的なのか、非効率的なのか判断ができないことになります。

キャッシュフローの話の前に、「収益」とは何かというお話をさせていただきます。収益の定義を誤解していたために、思わぬ不利益を被っているケースが多く見受けられるからです。詳しくは後述しますが、お客様の多くは不動産賃貸経営の場合、収益というとインカムゲイン（家賃収入から得られる定期収入。以下、インカムゲイン）のことを想像する方が多いですが、「収益とは、インカムゲインとキャピタルゲイン（売却時の損益。以下、キャピタルゲイン）の合計」のことです。バブルの時期までは、土地の値段が上がり続けていたのでキャピタルゲインを想像される方が多くいらっしゃいました。しかし、土地神話が崩壊し、多くの方が不動産の資産価値が下がったことで損失を生んだため、現在ではキャピタルゲインよりインカムゲインで堅実的に稼ぐのが正しいという思考が主流になっています。しかし、どちらが正しいとかという問題ではなく、ともに収益の計算を前に進めるための車の両輪として考える必要があるのです。

これからお話しするキャッシュフローとは一定期間のお金の流れのことですが、不動産の収益は一定期間のインカムゲインだけでなくキャピタルゲインとの合計なので、キャッシュフローがあるからといって優れた収益を生んでいると判断できるわけではない、ということを念頭に置いてください。また、このキャッシュフロー計算は、不動産のインカムゲインに対するキャッシュフロー計算になります。法人のキャッシュフロー計算書とは違うのでご留意ください。

図3-4は、家賃を得るという入口から、税引き後の手取り額までの流れを示したキャッシュフローの流れです。順に説明します。

■総潜在収入（GPI：Gross Potential Income）

不動産が持っている潜在的な賃料収入のことです。「今現在、市場でいくらで貸せるのか」を表している数値ともいえます。空室、滞納、未回収損などは含みません。賃貸している期間が長く、高い賃料が取れている場合には、今現在の相場賃料を総潜在収入（GPI）とし、相場賃料との差額が高く取れている部分は、別の項目で表します。

図3-4

キャッシュフローツリー

	総潜在収入（GPI）
±	賃料差異
−	空室損失
＋	雑収入
	EGI（実効総収入）
−	Opex（運営費）
	NOI（営業純利益）
＋	一時金の運用益
−	資本的支出（Capex）
	純収益（NCF）
−	ADS（年間負債支払額）
	BTCF（税引き前キャッシュフロー）
−	税（Tax）
	ATCF（税引き後キャッシュフロー）

■賃料差異

前記のような、相場賃料と現在の賃料との差がある場合、賃料差異として計上します。

前記のように賃料が高く取れている場合のほ

かに、繁忙期を過ぎ、低い家賃で貸した場合や親戚、友人などに安く貸した場合などは、マイナスの計上となります。賃料差異が発生している場合は、退去までの平均の期間を見越して将来は変動するリスクとして捉えておくことで、将来予測を間違えることなく堅実な賃貸経営を行うことができます。

■空室損・未回収損

一期間の空室による損失額。管理会社から月次の報告があった場合などは、1か月間の空室による損失額ですし、1年を一期間として複数年を見るような場合のキャッシュフロー表であれば1年を一期間とします。サブリースの場合は、常時満室の状態なので空室損失は0円となります。

■雑収入

家賃収入以外に収入がある場合には雑収入として計上します。自動販売機やコインランドリー、アンテナ設置による収入、太陽光発電などが該当します。

■実行総収入（EGI：Effective Gross Income）

総潜在収入（GPI）から賃料差異を加算減算し、空室損を減算、雑収入を加算したものが実行総収入（EGI）です。

■運営費（Ｏｐｅｘ：Operating Expenses）

管理会社に支払う管理料、光熱費、固定資産税、点検費用、現状回復のための修繕費など、運営するに当たって日常的にかかる費用です。運営費（Ｏｐｅｘ）には大規模修繕などの費用は含みません。

■営業純利益（ＮＯＩ：Net Operating Income）

実行総収入（ＥＧＩ）から運営費（Ｏｐｅｘ）を引いた、不動産が生み出す正味の収入です。ローンの支払額は、融資期間や融資金利、融資額によって変わるので個人差がありますが、適切な管理会社が適切な管理、運営を行っていることを前提にすると、所有者が変わっても営業純利益（ＮＯＩ）は変わりません。

■一時金の運用益

敷金、保証金、預り金などの運用益です。低利の時代には、金融機関に預けても利息が小さいので０円で計上し、厳しい目線で判断しておくことも選択肢でしょう。

■資本的支出（Ｃａｐｅｘ：Capital Expeness）

大規模修繕やリノベーションなどの費用です。長期修繕計画を立てている場合には、実際の支払時に計上するのではなく、かかる費用を平均化して計上する場合もあります。

■純収益（NCF：Net Cash Floe)

営業純利益（NOI）から一時金の運用益を足し、資本的支出を引きます。資本的支出は、長期保有を前提に計上するのか、売却を見越して大規模修繕を見込まないのか、リノベーションをするかなど、所有者の意思によって変わります。

■年間負債支払額（ADS：Annual Debt Service)

ローンの年間支払額です。

■税引き前キャッシュフロー（BTCF：Before Tax Cash Flow)

純収益（NCF）から年間負債支払額（ADS）を引いた所得税を引く前のキャッシュフローです。

■税（Tax）

所得税や事業税などが該当します。

■税引き後キャッシュフロー（ATCF：After Tax Cash Flow)

税引き前キャッシュフロー（BTCF）から税を引いた最終的なキャッシュフローです。

図3-5

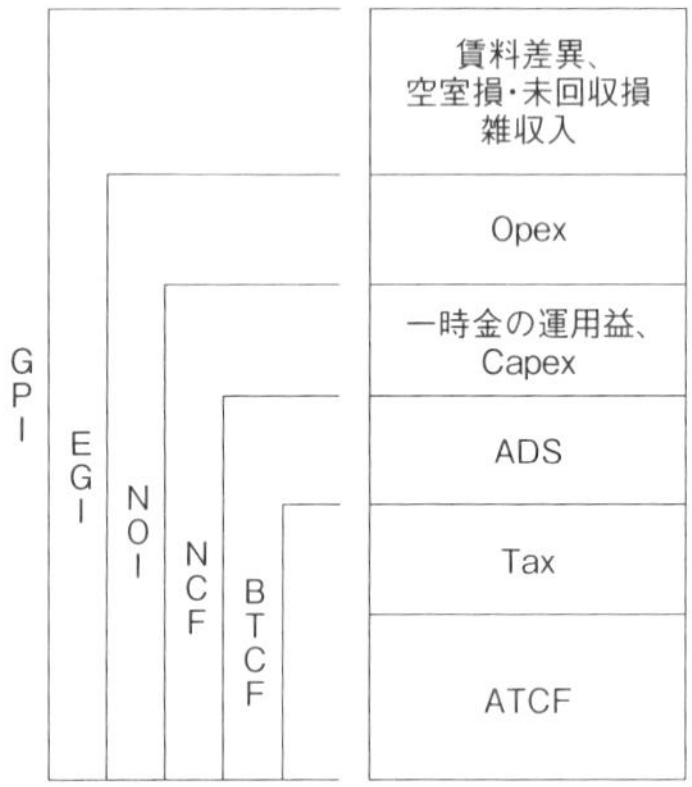

図3-6

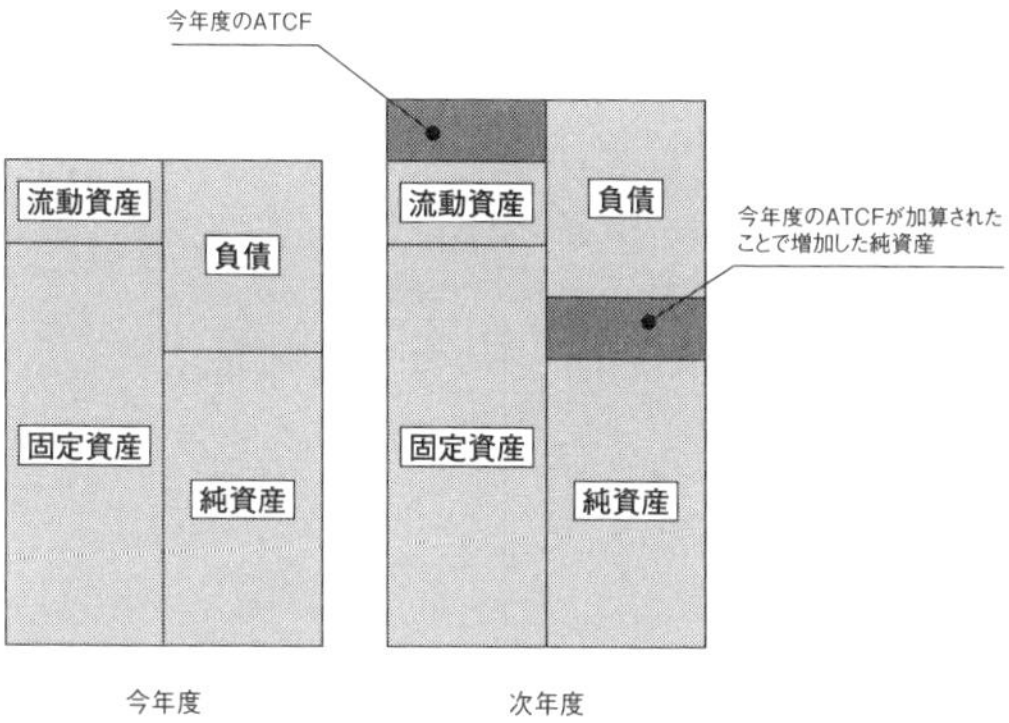

以上がキャッシュフロー計算の流れです。ＮＣＦという指標を使わない場合もありますが、一時金の運用益、資本的支出を考慮、とくに資本的支出をどのように考慮しているかが問題なので適宜使用してください。

このキャッシュフローの流れを図にすると、図3-5のようになります。キャッシュフローという言葉を聞くとお金の流れというイメージが先行し、数字が川上から川下に流れていくようなイメージを持つ方が多いのですが、キャッシュフローとは塊であり、箱であるとイメージするとイメージしやすいでしょう。総潜在収入（ＧＰＩ）という大きな箱のなかに営業純利益（ＮＯＩ）や税引き前のキャッシュフロー（ＢＴＣＦ）、税引き後のキャッシュフロー（ＡＴＣＦ）があるのです。図3-6のように、この税引き後のキャッシュフローの箱が、貸借対照表（Ｂ／Ｓ）の箱に入って資産が殖えていくというイメージを持つと、数字ではとっつきにくいものもイメージとして捉えていけるようになります。

損益計算書（P／L）とキャッシュフロー計算の違い

税金の計算をするための損益計算と手取りの額を出すためのキャッシュフロー計算を説明しました。そもそも目的の違う2つの計算法なので、違う項目があって当たり前なのですが、両方とも収入から支出を引いた計算を行います。双方を比較して何が違うのかを見ることで理解も深まると思います。**図3-7**は、損益計算とキャッシュフロー計算を並べたものです。

まずは、キャッシュフロー計算と損益計算に含まれるものを見ていきます。実行総収入（ＥＧＩ）は実際に入る金額なので、売上に該当します。運営費は、販売費及び管理費に当たります。資本的支出は、将来のためにプールするお金は費用が発生していないので損益計算には登場しませんし、実際に行ったときの費用も資産に計上されたものを減価償却していくので、損益計算とキャッシュフローでは、扱いが異なります。キャッシュフロー計算の営業純利益（ＮＯＩ）は、損益計算の営業利益に当たります。税は損益計算、キャッ

図3-7

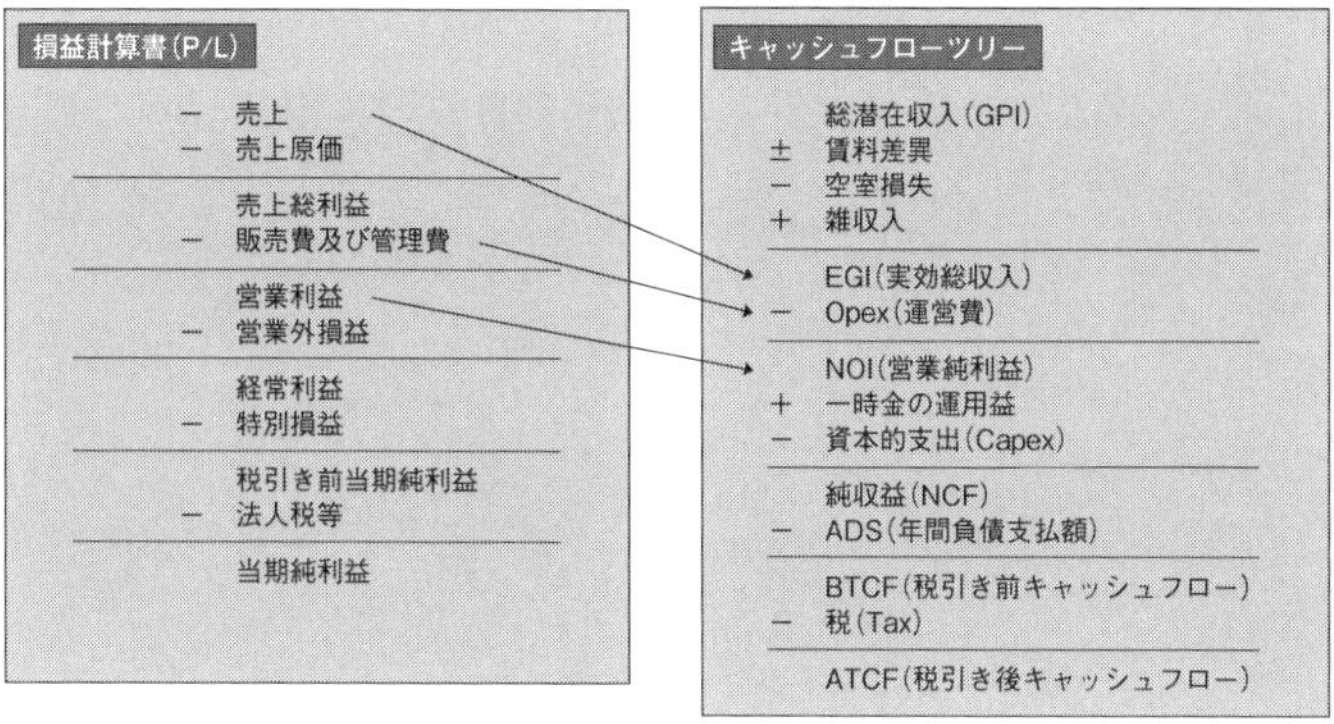

シュフロー計算でも登場します。

次に損益計算にあってキャッシュフロー計算にないもの、キャッシュフロー計算にあって損益計算にないものを見てみます。

まず、キャッシュフロー計算では、総潜在収入（GPI）、賃料差異、空室損失、雑収入の項目があります。雑収入は、実際に発生する収入なので本来損益計算でも計上しますが、今回は実行総収入（EGI）にまとめています。総潜在収入（GPI）、賃料差異、空室損失は、損益計算とは違う考え方です。実際に不動産が稼ぎ出せる規模から現状のプラスマイナスを計算し、空室という現実を引いています。キャッシュフロー計算は、不動産が持てるポテンシャル教えてくれるとともに実際の稼働状態を教えてくれます。賃料差異では、高く貸しているのか安く貸しているのかを見ることで将来の家賃収入の下落リスクの予測をしたり、空室損失は競合不動産と比べて空室損失が大きいのか小さいのかを比較し、原因を探って対策を練り、空室損失を減らす対策を行うこともできます。

キャッシュフローツリーでは、税引き後の手取り額を知るだけでなく、経営状態も見ることができるのです。

次に損益計算の販売費及び管理費ですが、そのなかには減価償却費という科目がありま す。減価償却費は、税金を計算するうえでは費用になりますが、実際のお金の動きを表したキャッシュフロー計算には登場しません。次に年間負債支払額（ADS）ですが、負債の支払いは金利と元金に分かれます。金利は営業外損益に計上され、費用として計上できますが（赤字の場合は土地分金利は経費化できません）、元金は経費に計上できません。そのため、税金を計算するうえでの損益計算には登場しませんが、お金の動きのキャッシュフロー計算では登場する項目です。

不動産は、土地建物の購入の場合でも建物建築の場合でも、額が大きいので現金での資金調達が難しかったり、借入金を利用することでレバレッジ（てこの原理）を利用することができるため、多くを借入金で賄う場合が多いものです。そうすると、返済する元金も大きくなるため、損益計算とキャッシュフロー計算の数字の違いに大きな差を生みます。

損益計算の売上は家賃の未回収分も売上になりますので、実際の手取り収入ではない場合もあります。損益計算は、必ずしも現金は動いていないが会計上は含めるという科目があるので、キャッシュフロー計算をしないと経営の実態は掴めないというわけです。

個別の不動産の投資分析を行うための投資指標

地主さんや大家さんが行っている賃貸経営は事業なので、財務諸表の話をしました。ここからは、個別の不動産の投資に対して今の成績を反映する投資指標について説明します。理解しにくい部分もあると思いますが、すべて自分で分析するということではなく、一緒に対策をする専門家選びや専門家の提案内容に過不足はないかなどを確認するためにも、このような投資指標があるという事実を知っていただきたいと思います。

投資指標と聞くと、新たに追加で購入するときに使うものというイメージをお持ちの方も多いのですが、すでに保有している現状を分析していくためにも大切な指標になります。

また、この投資が儲かるのか儲からないのかという攻めの判断のためだけではなく、損益分岐点や負債支払いの安全指標など守りの指標もあります。攻めの判断で不適格と判断するから投資を止めるという守りの判断もできますし、他の資産で守りを固くできているから、少しリスクがあってもリターンが大きい投資を選択するという攻めの判断を行うこともできます。

このように自分の持つ資産の現状をさまざまな角度から知ることで、次の一手が決まり、さまざまな角度から分析をすることで次手が適格か不適格かを判断できます。

冒頭でもお話ししましたが、投資をする際に、部分だけで判断した場合、資産全体ではマイナスの影響を与えることもあります。部分最適が全体最適ではないこともありますので、しっかりと現状の分析、対策の分析ができるように判断する物差を手に入れましょう。

不動産の利益の物差

アパートやマンションを購入する、アパートやマンションを建築するといった不動産投資を行う際のいちばんの関心事は、払うお金に対してちゃんと見返りがあるのか、その見返りはどのくらいなのかということではないかと思います。その判断材料として使うのが

「利回り」という言葉で、不動産の利回りというと、多くの方が表面利回りを想像するのではないでしょうか。

また、表面利回りから経費を引いたものを実質利回りと呼びますが、固定資産税を引いたり、区分マンションであれば管理費・修繕積立金を併せて引いたりと、必要な経費が計上されず、経費の項目の内容の定義が曖昧だったりもします。不動産業者の使う表面利回りと実質利回りの定義が曖昧なことや、日本では表面利回りや実質利回りといった言葉を使うのも投資判断を鈍らせてしまっている要因の一つではないかと思います。

「キャッシュフロー計算」（P93参照）でもふれましたが、不動産の収益は、家賃収入から経費や借入金などを返済して残った利益のインカムゲインと、不動産を売却することで得られるキャピタルゲインの合計です。利回りとは、本来投下した資本に対してインカムゲインとキャピタルゲインがどのくらいあるのかを判断することで出てくるものです。

では、不動産を長期保有する、売るつもりはない人はどうすればよいのでしょうか。そのような場合は、実際に売らなくても、売ると仮定して、売った場合にはどのくらいの収益になるのかを計算すればいいのです。

では、普段使う表面利回りや実質利回りとは何でしょうか。これは「一定期間（通常1

年間の収入）の利益率」です。利益率は、価値に対してどのくらいのインカムゲインがあるかを測る物差の一つです。それに対して本来の利回りとは、投資した資本に対する収益のことで、ここでいう収益とはインカムゲインとキャピタルゲインゲインの合計です。「利益率は1年間の収入に対しての利益を測る物差で、利回りは投資期間全体に対しての利益の物差」です。ややこしい話ですが、表面利回りや実質利回りは、利回りではなく利益率なのです。

インカムゲインだけでなく、キャピタルゲインを考慮するということは、その投資に資本をいくら投下するか、また売却を想定した場合は売却益が出るのか、損になるのかということまで考慮に入れるということです。売却額が高い場合は、投資の入口から出口まで考えたときの利回りは上がりますし、売却額が低い場合は、利回りは下がります。執筆した現在は、投資した価額に対して投資期間中にキャッシュフローを得られる率が総体的に低いので、入口の投資した価額と出口の売却損益が利回りに大きな影響を与えます。所有している土地にアパートやマンションを建てると、更地から収益不動産に変わることでその価値の変化が見えにくいですが、キャピタルゲインを考えるときには当然、収益不動産の売却額として考えますから、入口の段階で更地から収益不動産にした場合の価値の変化にも気づきやすいと思います。

投資期間全体で考える利回りに対して、1年間のインカムゲインの利益率の物差はどのように考えればいいでしょうか。不動産経営において1年間の利益率を出すことで、毎年変わる経営状態、ポートフォリオの分析をし、将来の改善につなげることもできますし、価格に対しての収入の規模を簡便的に判断する、他の数字と掛け合わせることで投資分析を行うなど、いろいろな用途で使うことができます。投資全体を利回りで考え、利益率で経営目標、達成値、結果に基づく経営改善をするというような使い方をすると、より効果的に賃貸経営を進めることができます。次項では、年単位の物差である「利益率」を見ていきましょう。

不動産の利益率

前項で1年間のインカムゲインに対して価値を割り戻したものを表面利回り、実質利回りとして一般的には使われていると説明しました。また、会社によって定義が違ったりするので、定義も曖昧ということもお話ししました。しかし、明確な定義があるのでお伝えします。

まずは基本的な考え方をお伝えします。図3−8をご覧ください。これは次の式を図で表したものです。

収入÷価値＝率
収入÷率＝価値
価値×率＝収入

図3-8

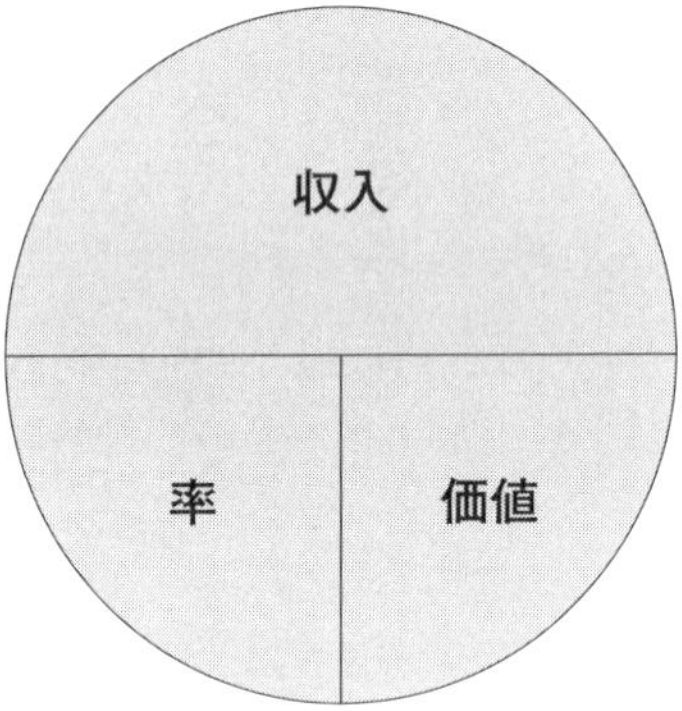

数式で見るよりも、図で見たほうが直感的に捉えられます。

基本的には、前記の式をベースに利益率を計算しています。キャッシュフロー計算で紹介した総潜在収入（GPI）、営業純利益（NOI）、税引き前キャッシュフロー（BTCF）を使います。不動産業者によって表面利回りの設定している家賃が高額になっていたり、実質利回りで固定資産税しか入れていなかったりと、定義が曖昧で判断ができないことがありますが、このように計算の前提がきちんと揃うと他の物件との比較もできます。

以下が投資分析で使う利益率です。

■表面利回り

表面利回り＝総潜在収入（GPI）÷物件価格

表面利回りは、物件価格に対しての収入の規模を簡便的に見るものです。

■総収益率（FCR：Free and Clear Return）

FCR＝営業純利益（NOI）÷（物件価格＋購入諸費用）

全額自己資金の場合の利益率です。NOIまでは的確な管理ができていれば、原則、所有者が変わっても変わらない、物件が持つ力なので、物件が持つ力の利益率といえます。

■還元利回り（キャップレート：Cap Rate）

キャップレート＝営業純利益（NOI）÷物件価格

投資家がその物件に対して払う率です。

図3-9

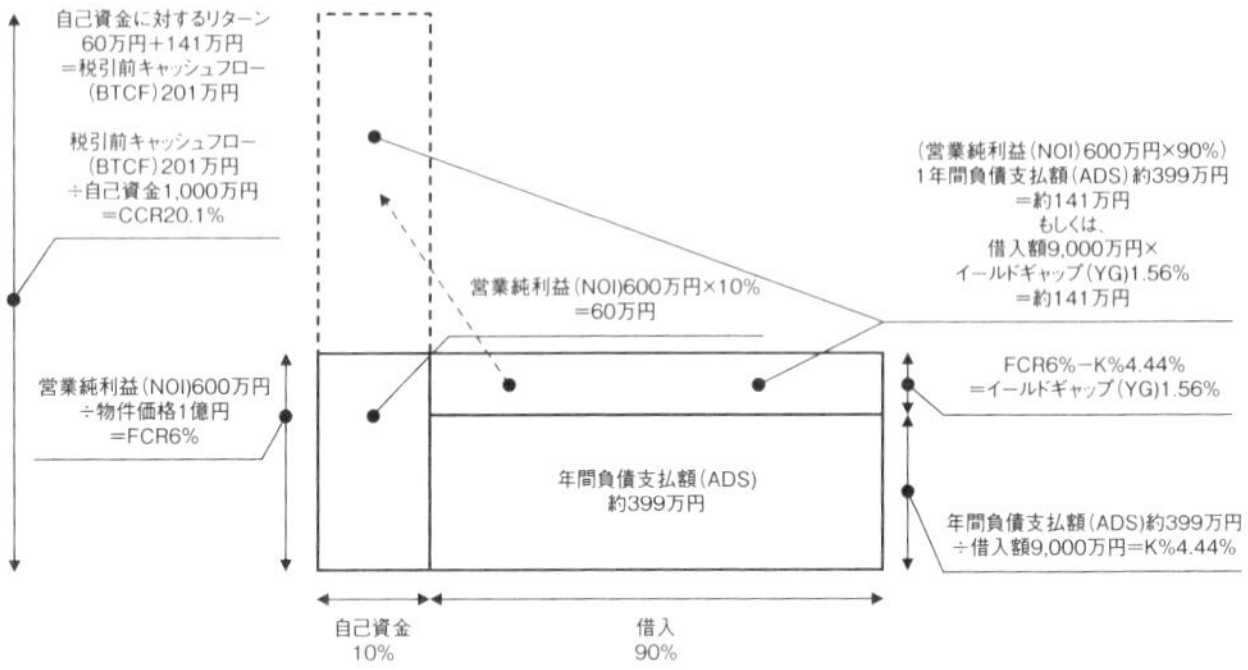

自己資金配当率（ＣＣＲ：Cash On Cash Return。以下、ＣＣＲ）

ＣＣＲ＝税引き前キャッシュフロー（ＢＴＣＦ）÷自己資金

自己資金に対する利益率です。借入れをすることでてこの原理が働き、物件が持つ力のＦＣＲよりも高い利益率になることもあります。逆に借入れをすることで低くなることもあります。そのため、投資家が組む融資によって変わる利益率です。

図３−９はＣＣＲの式を図解したものです。仮に１億円の物件に６００万円の営業純利益（ＮＯＩ）があったとしましょう（簡便に説明するため購入時諸費用は考慮しないものとします）。借入れをせず、全額自己資金のときの利益率のＦＣＲは６％です。１億円の物件価格のうち９０００万円の借入れを金利２％、融資期間30年で

行ったとします。そうすると年間負債支払額（ＡＤＳ）は約３９９万円になります。営業純利益（ＮＯＩ）から年間負債支払額（ＡＤＳ）を引くと税引き前のキャッシュフロー（ＢＴＣＦ）は約２０１万円です。自己資金１０００万円に対して２０１万円のリターンなので、ＣＣＲは20・１％になりました。借入れをしないときの利回りが６％なので、借入れをすることで20・1％の利益率に上がったのです。図3-9の年間負債支払額（ＡＤＳ）に4・44％とあります。これは金融機関側の利回りで、年間負債支払額（ＡＤＳ）÷借入額＝ローン定数（Ｋ％）です。ＦＣＲとＫ％の差をイールドギャップといい、イールドギャップの1・6％分が自己資金の利益率を上げています。これをレバレッジ（てこの原理）といいます。

利益率といってもいくつか種類があります。ＦＣＲまでは物件そのものが持つ力を表し、ＣＣＲは物件の条件、借入れる人の属性などによって変わり、融資によっても変わります。これらの指標を適宜使い分け、分析・投資判断を行いますが、物件そのものだけではなく、資産全体で考える必要があります。資産全体で考えるためには個々の資産の適格な情報が必要になります。

不動産の利回り

1年間の収益に対して価値を比較するのが利益率でした。次は、いくらの資本を投下して保有期間中いくらの収益があって、いくらで売却したかまでを考慮した利回りという考え方を説明します。

第2章「不動産の価値」（P68参照）で解説したDCF法のIRR（内部収益率。以下、IRR）という方法を使って利回りの計算をします。IRRの定義は、将来収益の現在価値と投資に必要とする投資額などの現在価値を等しくする割引率のことです。計算式は、**図2-10**（P72参照）のようになります。定義や式を見てもわかりにくいので、先ほどCCRで説明した1億円の物件を例に取って考えてみましょう。

借入れをしないという前提で考えると、投下した資本は1億円（簡便化のため、諸費用は考慮しないものとする）、保有期間を10年として毎年営業純利益（NOI）が600万円だとします。売却時も6％の還元利回り（キャップレート）だとすると、600万円÷6％で、売却価格も1億円です。投下した資本、保有期間中の営業純利益（NOI）、売

図3-10

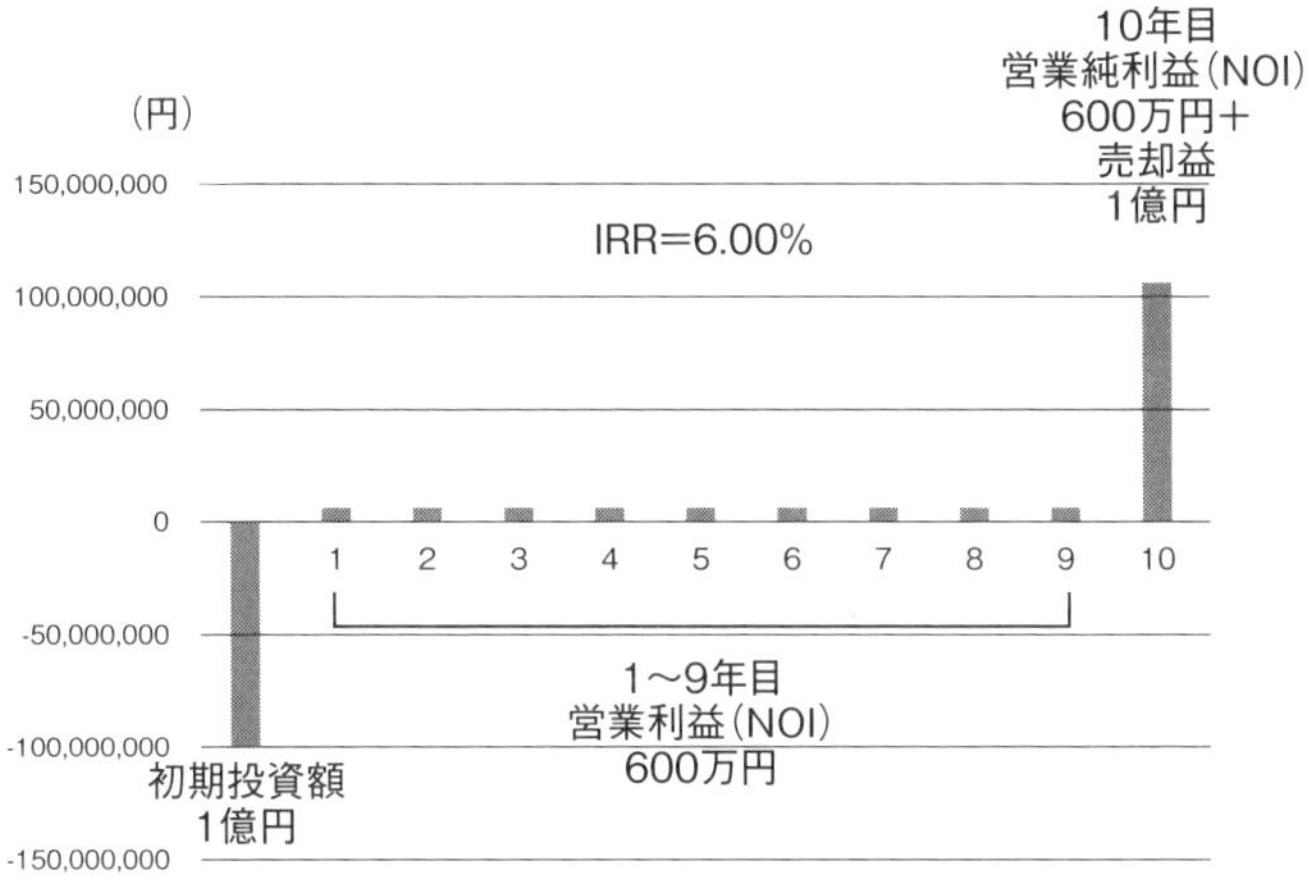

却時の価格を図に表すと図3-10のようになります。借入れがない利益率を判定する指標はＦＣＲでしたので、ＦＣＲは６％です。このときＩＲＲは６％でＦＣＲと同様です。

しかし、1億円で購入して初年度は営業純利益（ＮＯＩ）が６００万円でしたが、建物の経年劣化や建物の見た目の流行、競合物件の変化などで、営業純利益（ＮＯＩ）は毎年下落してくと想定したほうが健全でしょう。毎年1％営業純利益（ＮＯＩ）が下落すると想定してもＦＣＲは初年度しか考慮していないので変わりません。ＩＲＲはどうでしょうか。ＩＲＲは５・76％まで下落しました。このままでは売却額がまだ1億円なので11年目の営業純利益（ＮＯＩ）に還元利回り（キャップレート）で割り戻すと、売却額は9043万円まで下落し、IRRは5％となります。

執筆時点は金融緩和やオリンピック前の値上がり、相続税法の改正などの影響で収益不動産、アパート建築の熱が過熱している状態なので、還元利回り（キャップレート）を6％としましたが、建物の陳腐化、景気の冷え込みを考え還元利回り（キャップレート）を7％で考えたとします。そうすると売却価格は、7751万円となりIRRは3・87％となりました。FCRでは6％でしたが、営業純利益（NOI）の下落や売却時の還元利回り（キャップレート）の上昇などを考慮すると3・87％まで低下します。投下した資本に対して6％の利益率ではなく、利回りを考えれば、期待利回りが6％の場合、現在価値は約8571万円になり、約1429万円も価値は下落します。

このように、IRRのように率ではなく額で考えていく方法がDCF法のNPV（正味現在価値。以下、NPV）です。6％の利回りを考えるのであれば、1億円の物件価格から1429万円値引きをしてもらうことで6％の利回りは達成します。本書の読者の多くは不動産を所有されていると思いますが、仮に自分の不動産を1億円で売りに出して1429万円値引きしてほしいと言われたらどうでしょうか？　容易な判断ではないことが想像できるでしょう。ちなみに還元利回りが2％上昇すると、IRRは2・94％、NP

Vは▲約1969万円になります。こうして1年間の収益に対しての利益率ではなく、投資期間全体を見た利回りで見ると大きく数字が変わります。営業純利益（NOI）の下落や売却を見越すことでも大きく数字が変わります。

収益不動産を取り扱う不動産業者でIRRの説明をしてくれる業者もいますが、IRRは何％ですと断定しているケースが多く見受けられます。正しくは、将来見込まれる家賃の下落リスクを下落率何％で見込み、売却時の還元利回り（キャップレート）を何％で見込むとIRRは何％になりますという説明が正しいでしょう。さらに、1つのシナリオだけでなく現状維持、楽観的、悲観的の3パターンのシナリオで考えるとこのような想定が考えられ、私なりの私見はこうです、というような説明をしてくれると検討しやすいと思います。

利益率だけでなく利回りで判断することで同じ物件でも見方が変わってきます。今回はわかりやすいように借入れはなし、税引き前で説明しましたが、実際の投資判断には借入れと税金も考慮に入れる必要があります。一定期間の利益率、投資期間全体の利回りを考慮することが現状分析、投資判断としては大切なので、このような指標があるということを覚えておきましょう。

また、利益率や利回りは、殖やしたい資産を効率よく殖やす判断材料のためのツールであり、道具でしかなく、絶対的な投資判断材料ではありません。利益率や利回りがよく見える不動産には、数字では見えない何らかのリスクがあるかもしれません。先のような考え方で、利益率や利回りだけでは見えない契約内容や、現地の状況、マーケットのリスクなど、さまざまな要素を冷静に判断し、選択をしていく必要があります。

レバレッジ（てこの原理）

「不動産の利益率」（P107参照）のCCRでレバレッジ（てこの原理）という説明をしました。また、前項の不動産の利回りでは1年の収入に対しての利益率ではなく、売却までの入口から出口までを見る利回りを説明しました。ここでレバレッジの判定は、1年間の利益だけを見た指標で行うことが正しいのかと思った方もいるでしょう。ご安心ください。投資期間全体を見た利益率の場合でも、レバレッジが効いているかどうかを判断する方法があります。投資期間全体の利回りを比較する方法はＩＲＲと金利を比較します。

例を見てみましょう。

先ほどの物件価格1億円、営業純利益（ＮＯＩ）６００万円の不動産の例で説明します。10年間保有して営業純利益（ＮＯＩ）は変わらないものとし、売却時の還元利回り（キャップレート）も当初のＦＣＲと同じ6％で売却額も1億円だったとします。このときＩＲＲは6％でした。そして借入額は９０００万円、金利2％、返済期間30年、年間負債支払額（ＡＤＳ）３９９万円とします。税引き後のキャッシュフローが２０１万円だった場合で考えます。

借入れをした場合、当初投下した資本は、１億円の物件価格－９０００万円で１０００万円、保有期間中のキャッシュフローは２０１万円。10年後の残債が６５７５万円のため、売却価格1億円－６５７５万円＝３４２５万円です。この場合、ＩＲＲは26・78％となりました。全額自己資金のときの6％と比べ、大きく上昇しました。

実際には、営業純利益（ＮＯＩ）が下がる、売却額が下がるなどの要因も考慮したいので、前項でシミュレーションしたように営業純利益（ＮＯＩ）を毎年1％下落させ、売却時の還元利回り（キャップレート）を7％に上げて売却価格を７７５１万円、ＩＲＲが3・87％の場合に同条件の融資を組むとどうでしょうか。この場合、ＩＲＲは18・97％となります。26・78％からは下落しましたが、借入金考慮前のＩＲＲ3・87％より高いことがわかります。実際には、初期投資の購入諸費用、売却時の諸費用、保有期間中のインカムゲインに対する所得税、売却時の譲渡税など控除の数字も関わるので数字自体はもっと下がりますが、借入れをしない場合と借入れをした場合の利回りが変わることは理解いただけたと思います。1年間の収益率は高いが売却額が低くなるような場合、1年間の収益率で見るとレバレッジがプラスの効果を生んでいるが、投資期間中の利回りで考えるとレバレッジがマイナスの効果を生んでいる場合もあります。逆に、借入れの融資期間が短いことで投資期間中のキャッシュフローは少ないが早めに借入れの返済が進み、売却時に手取り額が増える場合は、1年間の収益率で見るとレバレッジがマイナス効果を生みますが、投資期間中の利回りで考えるとプラスの効果を生む場合もあります。

不動産は投資を行う商品のなかでも数少ない金融機関から融資を受けられる商品です。融資を上手に使って資産を殖やすことも可能ですが、逆に大きく損をする場合もあります。レバレッジを重視し、借入金の比率を増やすということは、それだけリスクも高くなりますので、資産全体のリスク許容度を考えながら、レバレッジの効果を上手に使ってください。

不動産の健全性を見る指標～損益分岐点と負債支払安全率～

不動産賃貸経営において、仮に家賃収入が0円でも、固定資産税や光熱費、借入金の返済など、必ずかかる費用があります。ということは、マイナスの収支にしないため、絶対稼がないといけない額があります。また、入る収入に対して借入金の支払額が多いのか少ないのかなど、利益率や利回りだけでは見えないリスクもあるので、それに対しての許容度を測る物差が必要です。ここでは、不動産賃貸経営の健全性を測る指標を紹介します。

まずは、「損益分岐点（BE：Break-Even Point）」です。収入が0円だったとしても必ずかかる運営費（Ｏｐｅｘ）と年間負債支払額（ＡＤＳ）が総潜在収入（ＧＰＩ）に対してどのくらいの割合があるかを計る指標です。

損益分岐点（BE）＝（運営費（Ｏｐｅｘ）＋年間負債支払額（ＡＤＳ））÷総潜在収入（GPI）

キャッシュフローツリーの税引き前キャッシュフロー（ＢＴＣＦ）までの間でマイナスになる項目は、空室損失、運営費（Ｏｐｅｘ）、年間負債支払額（ＡＤＳ）です。このうち空室損失は、満室時に得られると思われる収入が得られなかった機会損失のようなもので、実際の支払いではありません。ということは、実際に支払わなければいけない項目は、運営費（Opex）と年間負債支払額（ADS）で、税引き前キャッシュフロー（BTCF）がこの運営費（Opex）と年間負債支払額（ADS）を下回るとマイナスになってしまいます。**図3-11**のように、運営費（Opex）と年間負債支払額（ADS）が総潜在収入（GPI）の箱の中で占める割合を表すのが損益分岐点（BE）です。総潜在収入（GPI）と損益計算分岐点（BE）がわかれば、マイナスにならないための損失額を算出することができるようになります。式は次

図3-11

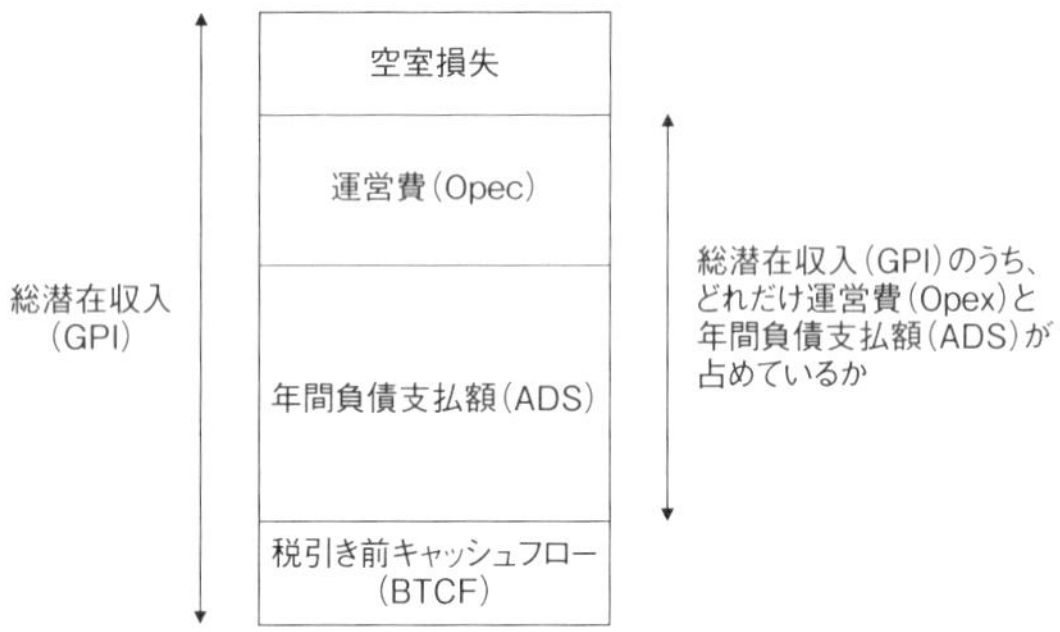

のようになります。

GPI－（1－損益分岐点（BE））＝税引き前キャッシュフロー（BTCF）がマイナスにならないための限界の空室損失

実際に例をみてみましょう。

1億円の物件価格で表面利回りが8％だとして、総潜在収入（GPI）が800万円、運営費（Opex）が150万円、借入金が9000万円で融資期間30年、金利が2％で年間負債支払額（ADS）が399万円だったとします。

この場合、**(運営費（Opex）150万円＋年間負債支払額（ADS）399万円)÷総潜在収入（GPI）800万円＝損益分岐点（BE）68・63％**となります。**図3－11**の箱で考えると、総潜在収入（GPI）800万円の箱の中にある運営費（Opex）と年間負債支払額（ADS）を足した箱が総潜在収入（GPI）800万円の箱に対して68・63％を占めているということです。額でいうと総潜在収入（GPI）800万円×損益分岐点（BE）68・63％＝549万円です。総潜在収入（GPI）800万円のうち549万円が必ず出ていく費用なので、800万円－549万円＝税引き前キャッシュフロー（BTCF）がマイナスにならないための限界の空室損失251万円となります。

総潜在収入（GPI）が800万円ということは、1か月の家賃収入で考えると約66万円。66万円を1か月で稼ぐためには5万6000円の1Rが約12戸のイメージです。仮に半分の6戸が空きになった場合、1か月で33万6000円なので、251万円の空室損失ということは、約7・6か月空室になるまではマイナスにはならないという計算になります。実際には税なども関係するので、もっと短い期間とはなりますが、税引き前の考慮すべき一つの指標にはなります。

賃貸経営を続けていると、総潜在収入（GPI）自体が下落していきますので**図3－11**の総潜在収入（GPI）の箱自体が小さくなります。運営費（Opex）と年間負債支払額（ADS）のうち、総潜在収入（GPI）が小さくなるにつれ、不動産会社に支払う管理料が減ったり、固定資産税が低くなったりはしますが、年間負債支払額（ADS）は変わらず、総潜在収入（GPI）の箱が小さくなるスピードのほうが速くなる傾向にあります。そのため、初年度に計算したら終わりではなく、定期的に定点観測していくことも重要です。

次は、収入対してどれくらいの借入金の返済があるかという指標です。負債支払安全率（DCR：Debt Cover Ratio）」という指標で、式は以下のようになります。

営業純利益（NOI）÷年間負債支払額（ADS）＝負債支払安全率（DCR）

負債支払安全率（DCR）は「1・3以上が安全」といわれています。この負債支払安全率（DCR）は、金融機関も融資の審査をする際に確認しています。営業純利益（NO

I）が600万円、年間負債支払額（ADS）が399万円の例だと、負債支払安全率（DCR）は1・5となります。先ほどの損益分岐点（BE）もそうですが、不動産単体で見ることも大切ですが、資産のポートフォリオで見ることも大切です。

前記の例の不動産と営業純利益（NOI）300万円、年間負債支払額（ADS）が250万円、負債支払安全率（DCR）が1・2の不動産を別に所有しているとします。後者のほうは、負債支払安全率（DCR）が1・2ですから、安全圏から外れていますが、2つの不動産を合わせて考えると、営業純利益（NOI）（600万円＋300万円）、負債支払額（ADS）（399万円＋250万円）、負債支払安全率（DCR）は、1・38となり安全圏に入ります。すでに保有している現状がどのくらいのリスクを許容できるかによって、次の選択肢も変わってきますので、現在の健全性はどうか、新たに行うアパートやマンション建築、収益不動産の購入の単体の健全性はどうか、合算して考えるとどうかという視点で考えていく必要があります。

税金の計算上の所得は黒字でも、キャッシュフローでは赤字になる現象～デッドクロス～

損益計算書（P／L）やキャッシュフロー計算でも触れましたが、税金の計算上の所得では計上されるが、キャッシュフロー計算では計上されない科目があります。逆に税金の計算上では考慮されないが、キャッシュフロー計算では考慮される科目があります。不動産賃貸経営を行ううえでは、その科目を知り、うまくコントロールしないと、税金の計算上は黒字だけれども、キャッシュフローでは赤字という現象に陥ります。私が現状分析をさせていただく方の多くがこのことを知らず、対策を立てていないため、不動産賃貸経営が厳しくなっているケースが多く見られます。また、知っていても具体的な対策を行わずに時間だけが経過してしまい、やはり不動産賃貸経営が厳しくなっている方も多くいます。

このような現象は、すでに購入時点で、いつ起こり、どういう対策をすればよいのかを知ることができます。また現在、不動産を保有している方でも、現状を分析すれば、どのような対策をとればよいのかということもわかります。まずは、このような現象がなぜ起こるのかということを見ていきましょう。

損益計算書（P／L）ではは考慮されてキャッシュフロー計算では考慮されない項目から見ていきたいと思います。それは減価償却です。購入時の建物の簿価から、備忘価格といわれる1円まで、構造別で決まる耐用年数によって耐用年数ごとに一定の金額を税金の計

図3-12

■耐用年数

構造別耐用年数

木造	22年
鉄骨造（S造）（骨格材の厚さ3㎜以下）	19年
鉄骨造（S造）（骨格材の厚さ4㎜以下）	27年
鉄骨造（S造）（骨格材の厚さ4㎜超）	34年
鉄骨鉄筋コンクリート造、鉄筋コンクリート造（SRC造、RC造）	47年

耐用年数がすでに経過した建物

新築時の耐用年数×0.2＝取得した建物の耐用年数（小数点以下切り捨て）

耐用年数が途中まで経過している建物

（新築時の耐用年数－経過年数）＋経過年数×0.2＝取得した建物の耐用年数（小数点以下切り捨て）

■減価償却費の計算方法

取得価格×償却率＝減価償却費の金額

算である損益計算書（P／L）上で経費として参入することができます。経費に算入はしますが、建物自体はアパートやマンションを建築する場合であれば建物建築時にハウスメーカーに、収益不動産の購入であれば収益不動産の購入時に売主に支払っているお金なので、保有期間中に払っているものではありません。購入時に一括で費用計上をするのではなく、建物の経年劣化の分を年度ごとに経費として認めるという制度です。構造別耐用年数、中古の場合の耐用年数の計算方法を**図3-12**で確認し、耐用年数ごとの償却率を使って**図3-12**の計算方法で算出します。建物は建物部分と設備部分に分けて償却することが可能で、設備部分の耐用年数のほうが短いです。耐用年数が短いほうが早く経費化ができます。

また、設備部分の減価償却期間は損益計算書（P／

L）上の所得を多く低減できるので税引き後のキャッシュフロー（ATCF）が多く残ります。さらに、設備部分は従来、定額法と定率法という2つの償却方法から選択をすることができました。建物部分は定額法でのみ償却できます。定額法は耐用年数の期間を通して同じ額、つまり一定額を償却していく方法です。定率法は、建物の残った簿価に対して決まった率を償却する方法で、定率法のほうが早く償却でき、所得税の圧縮ができることから多くの方が定率法を選択して損益計算を行ってきました。しかし、平成28年4月1日以後に取得した建物附属設備及び構築物については定率法は廃止され、定額法のみの適用という法改正がありました。

次に損益計算書（P／L）では考慮されないが、キャッシュフロー計算で考慮される科目です。借入れの返済額には金利と元金が含まれています。このうち、金利は経費として計上することができますが、元金は経費にはできません（ただし、個人で赤字の場合は土地分の金利は、経費にすることができません）。支払うことで貸借対照表（B／S）の借入額は減少します。アパートやマンションを建築するにしろ、収益不動産を購入するにしろ、借入れの返済方法の多くは元利均等返済になります。元利均等返済の場合、支払い額が一定になり、支払い額の中の金利と元金の内訳が変化していきます。ローンを支払う場合、支払い当初は金利ばかりで元金が減らないのはこのためです。元金が減らないことが悪いように聞こえますが、不動産賃貸経営の場合、金利は経費にできます。つまり、最初は経費になる金利が多いけど、支払いが進むにつれて経費にならない元金の支払いが増えるということです。支払い当初に経費になる金利多いということは税金の計算上の損益計算書（P／L）では経費が増えて税金が圧縮され、税引き後のキャッシュフロー（ATCF）

図3-13

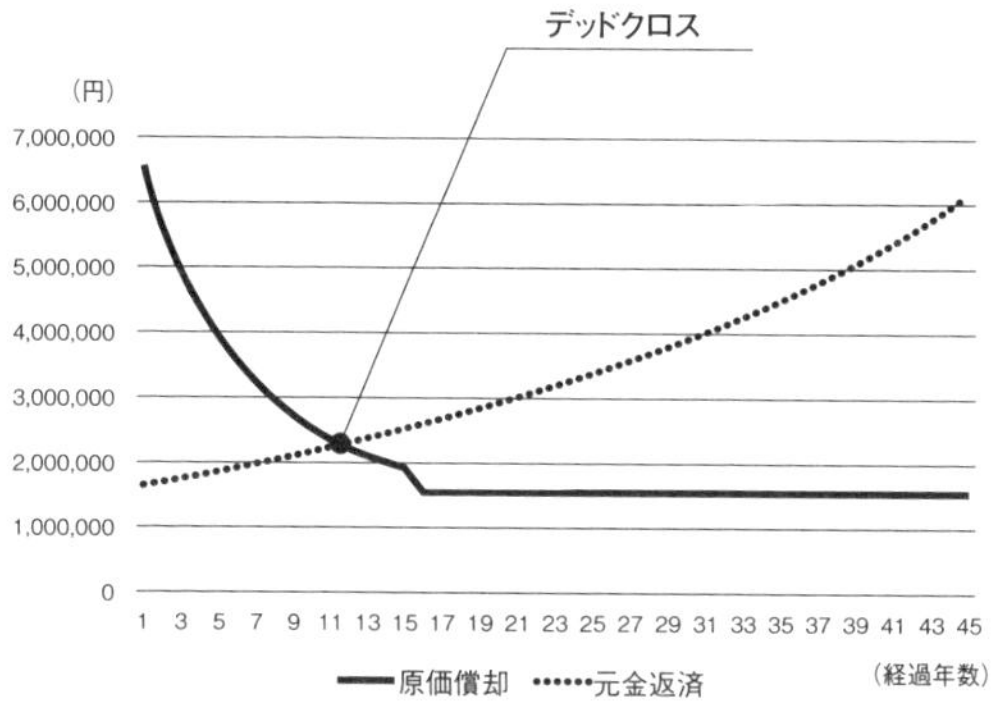

■設備が定率法の場合の減価償却費と元金返済

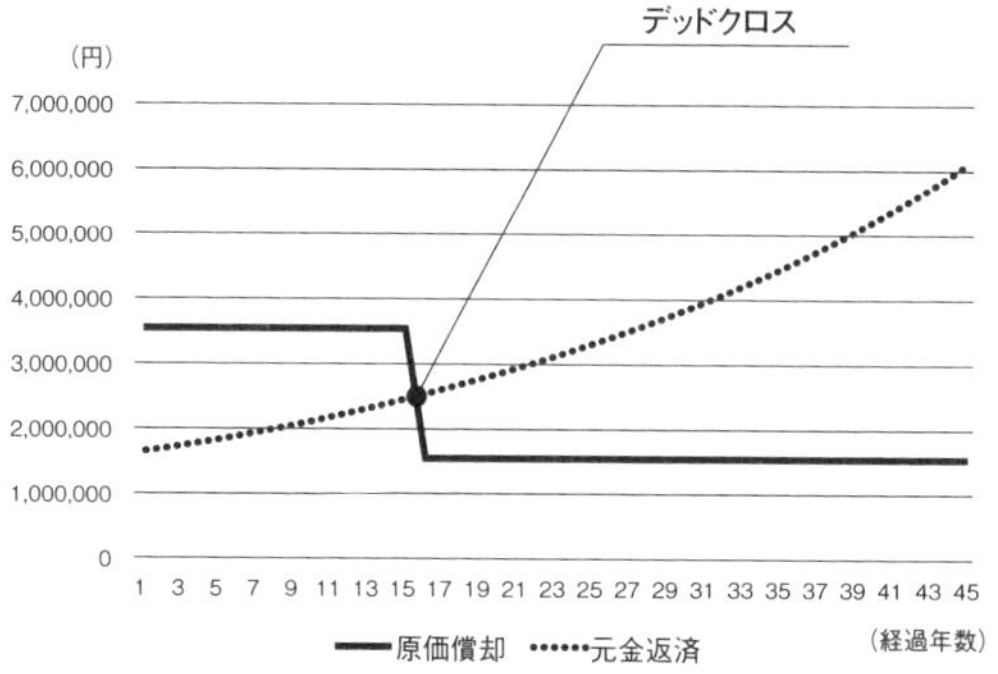

■設備が定額法の場合の減価償却費と元金返済

が多く残り、時間の経過とともに経費になる金利と経費にならない元金が逆転していくということです。

このように、経費にはなるが実際の支払いはない減価償却が年々減り、経費にはならないが実際の支払いのある借入金返済の元金が年々増えることで、税金の計算の損益計算書（P／L）では黒字だが、キャッシュフロー計算では赤字という現象が生じます。これを「デッドクロス」といいます。このデッドクロスを図にしたものが**図3―13**です。私が現状分析をやった多くの方がこのデッドクロスになっていたり、対応を考えていません。**図3−13**を見ていただくとわかりますが、新築の場合、このデッドクロスは設備部分の減価償却が終わる10～15年に起こります（設備の耐用年数が15年だった場合）。10～15年保有すると、ほかにも経営を圧迫する出来事が起こります。それは大規模修繕です。損益計算書（P／L）の課税所得は増え、税引き後のキャッシュフロー（ATCF）が圧迫されているのに、大規模修繕という出費が不動産賃貸経営をさらに圧迫します。デッドクロスの対策を考えていない多くの方はデッドクロスが始まる前の多くもらえるキャッシュフローを別の用途に使ってしまい、大規模修繕の計画を立てていないというケースが多いです。

大規模修繕を先に延ばすと建物の陳腐化、競合物件とのグレードの乖離などが進み、総潜在収入（GPI）は減少し、空室損失が上昇します。そうなると、さらに営業純利益（NOI）が減少するので、支払う税金が増えていくのに、収入は減っていくという悪循環を生んでいきます。

減価償却で当初から費用を大きく計上すると、損益計算書（P／L）が赤字になるケースもあります。まさに税金がかからない状態です。この減価償却は費用に計上できる＝税金を圧縮できるということなので、上手に使っていきたいものです。設備が定率法の場合、初年度に多くの減価償却が生まれ、1年では償却しきれないため、次年度に持ち越す場合が多いです。個人の場合は3年間、法人の場合は9年間赤字を繰り越すことができるので、デッドクロスの対策だけでなく、繰越欠損金の扱いについても考慮しておく必要があります。

相続税評価に対して高い収益率か低い収益率を計る指標

不動産投資分析の指標をいろいろと見てきましたが、投資分析で相続税評価を使うことは基本的にはありません。しかし、相続税評価と時価評価を比べることで相続に強い不動産か弱い不動産かわかるように、相続税評価に対して高い収益率か低い収益率かを見ることで、将来、相続で発生する相続税の納税資金を生み出す力が強いか弱いかを計ることはできます。

企業の分析を行う際に総収益率（ROA）という指標があります。次の計算式で求めます。

総収益率（ROA）＝当期純利益÷総資産

これは所有する資産に対してどれだけ効率よく収益を上げているかということを示す指標です。この指標の考え方を準用して、相続税評価に対してどれだけ効率よく収益を上げているかという判定をします。正式な投資指標ではないのですが、相続税を払う原資、資産を殖やす原資をどれだけ効率よく稼いでいるかを見ることができます。計算式は、

ROA＝営業純利益（NOI）÷相続税評価

となります。

時価に対して相続税評価が低ければ低いほど、ROAが高くなります。

例を見てみましょう。

物件価格1億円（諸費用含む）、営業純利益（NOI）600万円の場合、FCRは6％になります。時価と相続税評価がイコールだった場合、ROAは、

営業純利益（NOI）600万円÷相続税評価1億円＝ROA6％

となります。

では、時価の物件価格1億円に対して相続税評価が3500万円だった場合はどうでしょうか。

営業純利益（NOI）600万円÷相続税評価3500万円＝ROA17・14％

となります。

逆に時価よりも相続税評価が高かった場合は、ROAは下がります。時価1億円に対して、相続税評価が1億2000万円だった場合は、

営業純利益（NOI）600万円÷相続税評価1億2000万円＝ROA5％

となります。

同じ時価1億円の収益不動産でも、相続税評価の違いによってこれだけ数値が変わります。首都圏の場合は、時価評価に対して相続税評価が3分の1程度の場合が少なくないので、同じ時価評価の収益不動産でも効率よく収益を生んでくれることになります。一方、首都圏でも駅からバスを使う場合や地方だと、時価評価よりも相続税評価が高いケースも多いので、相続対策という観点ではとても不利になるのです。

前記では、1つの収益不動産に対してのROAを見ましたが、資産全体を考えたときのROAを見ることで、資産が資産を生む仕組みを作れているのかということも見ることができます。

賃貸経営状況確認

ここまでさまざまな分析の指標を見てきましたが、その基となる数字を適格に捉えていないと、分析を行う計算が意味のないものとなってしまいます。総潜在収入（GPI）、空室損失、実行総収入（EGI）、運営費（Opex）、営業純利益（NOI）など、分析をするうえで基礎になる数字次第で次の一手も変わりますので、しっかりと押さえましょう。相続対策の現場で分析することも可能ですが、普段の賃貸経営の段階からこのような指標を適格に捉えながら賃貸経営の現状把握を常に行えば、賃貸経営状況は結果的に収益が上がり、収益が上がることで不動産の価値が上がります。**「営業純利益（NOI）÷還元率＝価値」**ということは営業純利益（NOI）を高める、維持するということが物件の価値に直結しているということです。たとえば、月額家賃を1000円下げる場合、年間

図3-14

■レントロール

物件名称	
住所	
基準日	現在

（賃貸部分）

部屋番号	テナント	タイプ	面積(㎡)	面積(坪)	月額賃料	賃料単価/坪	月共益費	共益費/坪	込賃料月額	込賃料/坪	込賃料年額	敷金/保証金	更新料	原契約開始日	現契約開始日	現契約終了日	特記事項
1F																	
201																	
202																	
203																	
205																	
301																	
302																	
303																	
305																	
306																	
307																	
308																	
310																	
		合計															
		平均															

賃貸可能面積	㎡
稼働面積	㎡
空室面積	㎡
稼働率	%
空室率	%

で営業純利益（ＮＯＩ）が１万２０００円下がることになります。還元率が６％の場合、物件の価値は20万円下がります。こう考えると１０００円の見方が変わるのではないでしょうか。もちろん、１０００円下げずに市場相場から高いと判断されて空室損失が上がると、営業純利益（ＮＯＩ）は下がりますので、下げなければよいというものでもありません。

ちなみに、このように投資分析を理解し、オーナーの利益を管理会社の利益と考えている会社であれば、営業純利益（ＮＯＩ）を下げることが物件の価値を下げるということを理解していますので、営業純利益（ＮＯＩ）を高める、維持をするということに努めてくれるはずです。家賃の集金の代行をしているという感覚の管理会社と、オーナーの利益＝管理会社の利益と考えて行動している管理会社とでは雲泥の差が出ます。

図3-15

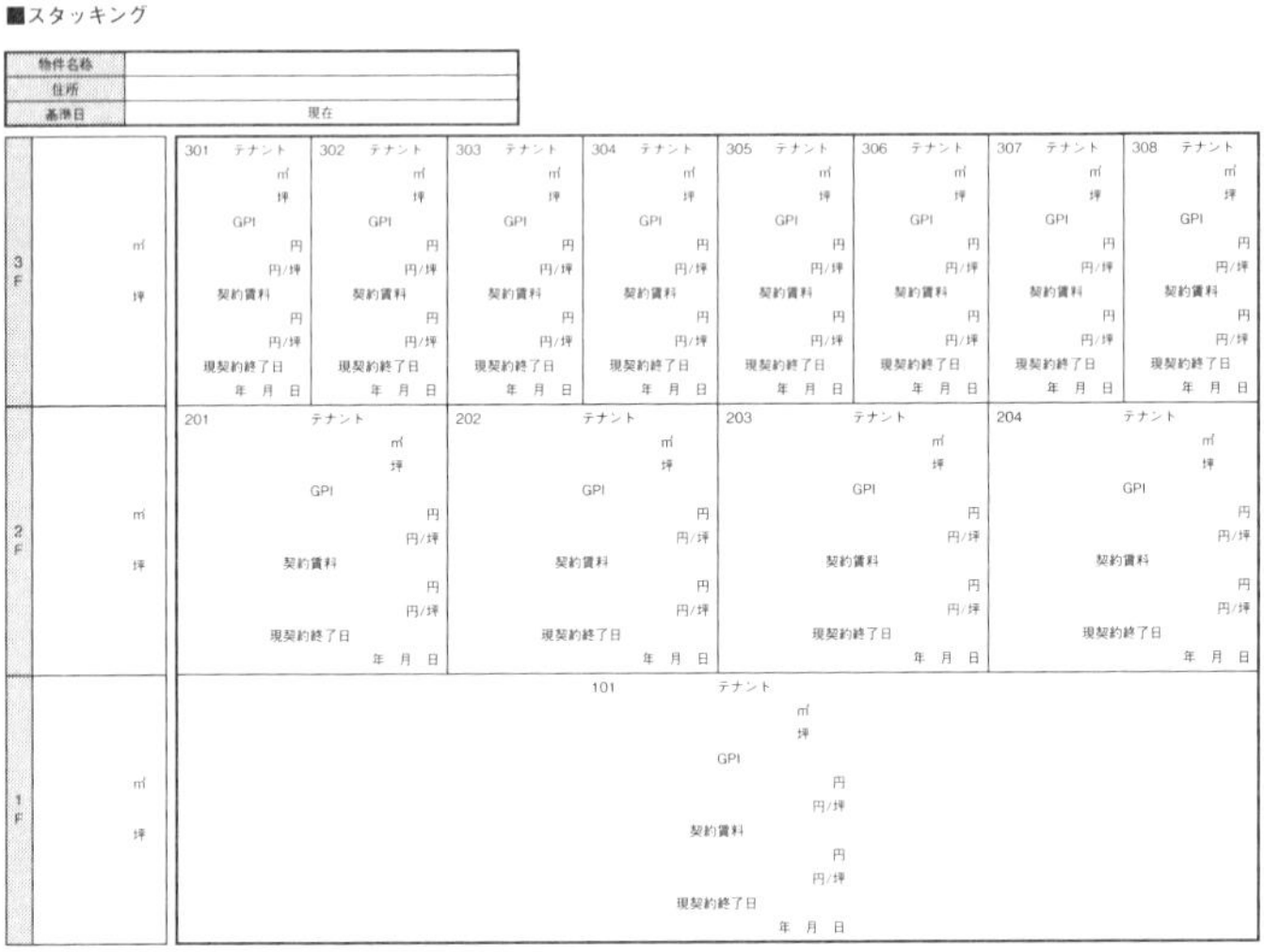

分析を行う際には、まず「レントロール」を作成します。図3-14はレントロールの参考です。物件のタイプが住居か店舗か事務所かなどによって、比較する賃料、稼働率、運営費などが変わります。面積や間取りによっても単価が変わったりするので、押さえておきたいポイントです。図の中に原契約と現契約という2つの「げんけいやく」がありますが、原契約は最初に入居したときの契約、現契約は更新を行った場合には、更新後の最新の契約になります。原契約と現契約を押さえておくと、平均入居期間を考えることもできます。

次に、「スタッキング」と呼ばれる建

図3-16

■年間収支表

物件名称	
住所	
基準日	現在

	1/1~1/31	2/1~2/28	3/1~3/31	4/1~4/30	5/1~5/31	6/1~6/30	7/1~7/31	8/1~8/31	9/1~9/30	10/1~10/31	11/1~11/30	12/1~12/31		(単位:円)
	1月	2月	3月	4月	5月	6月	7月	8月	9月	10月	11月	12月	累計	1ヶ月平均
総潜在収入(GPI)														
賃料														
共益費														
水光熱														
駐車料														
その他収入														
小計														
消費税														
収入合計														
賃料差異														
空室損失														
実行総収入(EGI)														
運営費(Opex)														
維持管理費(BM)														
水道光熱費														
修繕費														
プロパティマネジメントフィー														
テナント募集費用														
公租公課														
損害保険料														
消費税														
その他費用														
小計														
消費税														
その他費用合計														
営業純利益(NOI)														
一時金の運用益														
資本的支出(Capex)														
純利益(NCF)														
年間負債支払額(ADS)														
税引き前キャッシュフロー(BTCF)														

物を断面で見た図を作成します。図3−15はスタッキングの参考です。スタッキングを作成すると、どの部屋をいくらで貸しているのか直感的に判断できるようになります。角部屋だからいくら高く貸せるとか、階数によって単価を少しずつ上げるとか、レントロールの文字情報だけではわかりづらかったものがスタッキングにすることでわかりやすくなります。過去のものを分析する際には、入居期間が長いほうが家賃が高かった当時の家賃を継続しているので、他の部屋よりも高くなっているケースが多いです。そのような現在の相場賃料と契約賃料の乖離も発見しやすくなります。相場賃料と契約賃料に差異があった場合は、賃料差異として計上したほうが健全ですし、将来のシミュレーションでは相場賃料に収束していくシミュレーションを立てることが健全

でしょう。継続的に作成していると、どの部屋が入居付けに時間がかかり、どの部屋の賃料が安くなりがちかといった傾向も見えてきます。

レントロール、スタッキングができたら「年間収支表」の作成です。図3‐16は年間収支表の参考ですが、このように分析に必要な情報を月別にしたものを年間で集計します。

過去の経営状況を分析する際には、年間収支表を3期分ほど作ります。前年度だけだと、前年だけ費用が多くかかった場合や家賃や空室の推移などを見誤る可能性もあるので、単年度だけでなく複数年度で確認する必要があります。過去の収支とともに確認したいのが修繕の履歴です。修繕の履歴を確認することで、今後、どのような工事にどれくらいかかるかということが見えてきます。これで現状の確認、不動産が持つ現在の価値の算出ができるようになりました。また、築年数の経過による賃料の減少や賃借人がどれくらいで入れ替わるかを想定し、賃料差異が出ている部屋の家賃の修正、大規模修繕の予定などを入れることで将来のシミュレーションを立てることができます。

第 4 章

問題、課題の抽出

現状分析から見る問題、課題

第4章では問題や課題の抽出について解説します。第2章「相続対策の基本」、第3章「現状分析」で数値化した現状と、理想や目標を数値化したものとの差が課題であり、対策すべきものになります（**図4-1**）。理想や目標はざっくりとしたもので構いませんし、当初はなくても構いません。現状を把握したうえでどうしたいかを考えてよいのです。

図4-1

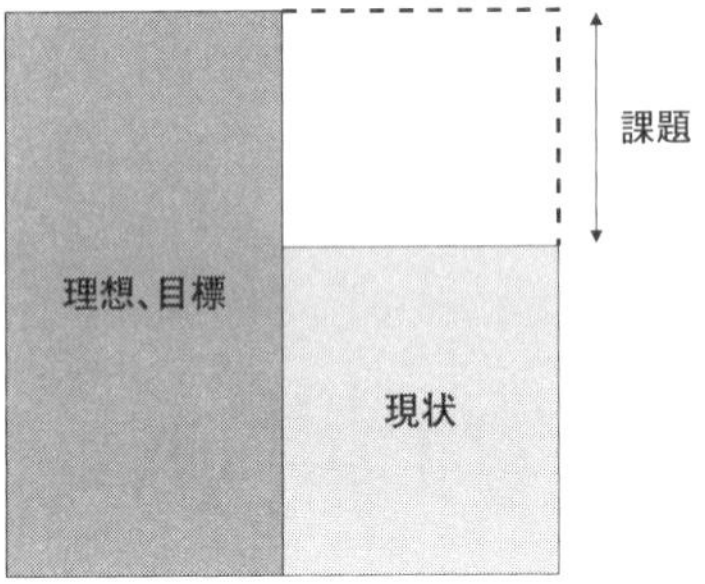

大事なのは、理想や目標があってもなくても、現状を把握しないと何も始まらないということです。そのため、本書では現状を把握するための事項について多くの紙面を割いています。

具体的に進める方法をお話ししましょう。まずは第2章と第3章の評価や分析を基に、資産個別の分析を行います。その個別の資産の分析を行い、一覧にまとめたものが**図4-2**（P140参照）です。まずは、このような表を作ることで全体像を把握していきます。

相続対策で、大事な

・遺産分割対策

・相続税の納税対策

・相続税の節税対策

の観点で見ることが大切です。

■遺産分割対策に対しての問題、課題の抽出

資産個別の時価評価がわかり、表にまとめたので資産全体の時価評価の総額を確認することができるようになりました。どの資産を誰に渡すか決まっていれば、誰が時価評価でいくらもらうか計算できます。

相続人ごとの、

分割する資産÷資産総額

で割合が出てきます。その割合を見ることで、法定相続分と比較してどうか、遺留分と比較してどうかを確認することができます。また、誰に何を渡すか決まっていないが、ど

⑯		⑰	⑱	⑲	⑳	㉑	㉒	㉓	㉔	㉕	㉖	㉗	㉘	㉙	㉚	㉛
時価 純資産	時価 比率	時価と評価 の乖離	GPI	空室損	Opex	NOI	ADS	BTCF	相続税評価ベース		時価ベース		借入金比率 (相続税評価)	借入金比率 (時価)	負債支払 安全率	損益分岐点
									表面	NOI	表面	NOI				

時価 純資産	評価 比率	時価純資産ー 遺留分	GPI	空室損	Opex	NOI	ADS	BTCF	表面 (評価)	NOI (評価)	表面 (時価)	NOI (時価)	借入金比率 (評価)	借入金比率 (時価)	負債支払 安全率	損益分岐点

流動資産 (時価)	固定資産 (時価)	相続税 納税判定

基礎控除額
相続時精算 課税制度
3年以内の 贈与

課税標準	税率	控除額
1,000万円以下	10%	0万円
3,000万円以下	15%	50万円
5,000万円以下	20%	200万円
1億円以下	30%	700万円
2億円以下	40%	1,700万円
3億円以下	45%	2,700万円
6億円以下	50%	4,200万円
6億円超	55%	7,200万円

相続税評価 純資産	時価 純資産
相続税評価 実効税率	相続税評価 実効税率

図4-2

財産分析

基礎データ						貸借対照表(B/S)									
①	②	③	④	⑤	⑥	⑦	⑧	⑨	⑩	⑪	⑫	⑬	⑭	⑮	
資産番号	所在地/不動産以外は種類	地番	利用状況	土地面積(㎡)	建物面積(㎡)	路線価	借地権割合	相続税ベース			時価	借入金	敷金	相続税評価純資産	評価比率
								土地	建物	合計					
1															
2															
3															
4															
5															
6															
7															
8															
9															
10															
11															
12															
13															
14															
15															
16															
17															
18															
19															
20															
21															
22															
23															
24															
25															
26															
27															
28															
29															
30															
合計															

■遺産分割

相続人	法定相続割合(分割)	相続分(時価)	遺留分	遺留分額	土地(相続税評価)	建物(相続税評価)	合計(相続税評価)	時価	借入金	敷金	相続税評価純資産	評価比率
合計												

■相続税

法定相続人	法定相続割合(相続税)	各人の課税価格	相続税率	控除額	相続税計算	相続税評価純資産	評価比率	時価純資産	評価比率	各人の相続税額	加算税額	納付する相続税額
合計												

のくらいの割合で遺産分割するか決まっている場合には、

時価評価の資産総額×分割したい割合

で、分割したい割合に対する時価評価の資産額が出ます。

相続対策では、相続税をいくら節税しても、頑張って納税資金を作っても、遺産分割で揉めたら相続人は不幸になってしまうので、相続対策としては失敗です。また、対策をしていくなかで資産の内容も変わっていくでしょうから、遺産分割対策は現状分析時に確認したら終わりということではなく、対策をしていく過程で常に意識していかなければいけません。

遺産分割で揉めるケースの多くは、情報を隠したり、共有していない場合です。地主さん家系の多くは遺言を用意しているケースが多く、遺産分割よりも相続税の納税や節税に問題や課題がある方が多いと思います。地主さん家系の方は、一族として相続のたびに苦労をされていて、家族が相続という出来事を乗り越えなければいけない大きな壁ということ認識されているということ、分割できる財産があることが要因かと思います。ただし、最近では地主さん家系の方でも家族意識の希薄化や個々の権利意識の高まり、家族関係の複雑化という背景から揉めるケースもあるので、遺産分割対策は慎重に進めていただきたいポイントです。

時価ベースの価値で遺産分割を行いますが、収益性がある資産と収益性がない資産を比べ、収益がある資産がよいという相続人もいますし、賃貸経営自体したくないという方もいますので、相続人の意思を汲み取りながら誰に何を相続させるのかを決めたいものです。その作業をする際にも図4-2を使えば収益性も確認できるので、判断する一助となります。

■相続税の納税対策、節税対策に対しての問題、課題の抽出

図4-2にまとめることで、すべての資産の相続税評価がわかったので、相続税の計算をすることができるようになりました。まずは相続税の計算をして相続税の総額を確認します。併せて遺産分割内容が決まっていれば、相続人個別の相続税を算出します。

次に、資産の中身を流動資産と固定資産に分けます。流動資産とは、現金、預金、生命保険、退職金、有価証券など、容易に現金化できるものです。固定資産とは、容易に現金化できない不動産などを指します。流動資産と固定資産の分別は、資産全体で行うと同時に、遺産分割内容が決まっている場合は相続人ごとにも行いきます。すると、資産額に対しての納税資金、相続人ごとの納税資金が足りるのか、足りないのかが見えてきます。

相続税を確認できたので、次は相続税を低減する必要があるかどうかを判断することも可能になります。

このように現状分析を行い、資産全体を見ることで、遺産分割対策に必要な時価評価での全体像と相続人ごとの数字、相続税の納税対策、節税対策で必要な相続税の総額と個別の相続税額が見えてきました。遺産分割でも触れましたが、現状を把握したらそれで終わりということではありません。現状分析は、対策を行うことで資産内容を変えたり、数字を変えることでどのような変化が起こるか、その都度、遺産分割対策にどのように影響が出て、相続税の納税対策、節税対策にはどのような効果があるのかを判断する基礎になります。

相続対策を行ううえで、このように資産全体の時価評価と相続税評価の両面で現在の状況と対策後の状況を確認しながら進めているケースは非常に少ないです。そのため、アパート建築や生命保険の加入、遺言の作成など、何かの対策をすると他の対策に影響が出たり、的外れな対策になるのです。資産全体をしっかりと把握しながら、何が問題で、何をしたら資産の内容がどう変わり、そのためにはこの対策を選択するという手順を踏めば、想定が難しい大災害や大恐慌が起きない限り、大きな失敗はしないでしょう。仮に起きたとしたらリスクをどの程度許容することができるかも把握できます。

相続に有利な不動産と不利な不動産の見極め

相続には有利な不動産と不利な不動産があります。図4-2を使って作成した表で不動産を見てみます。まず確認したいのは「相続税評価」と「時価評価」がどうなっているか。首都圏に近いターミナル駅や人気の沿線の駅エリアの不動産は、とくに相続税評価と時価評価に乖離が出るケースが多いものです。賃貸アパートや1棟マンションの相続税評価が時価評価の3分の1程度だったり、区分マンション（とくにタワーマンション）の場合は5～6分の1、もしくはそれ以上というケースもあります。

この場合、実際の価値に対して低い相続税評価になりますので、相続税の節税や納税の観点では有利に働きます。相続税評価で考えるROA（総収益率）を確認しても、同じ収益であれば当然、時価に対して相続税評価が低い不動産のほうがROAの数値は高くなります。対策前の地主さん、大家さんの場合、そのような不動産で資産のポートフォリオを組んでいるという方はごく稀です。

時価評価と相続税評価が同程度だったり、時価評価より相続税評価のほうが高いケースもあります。なかには不動産を買い進める大家さんで金融機関の融資のために積算評価の出やすい不動産を買い増している方もいらっしゃると思います。資産形成期は、その買い進め方でも資産を殖やすことができればまったく問題はありません。しかし、相続対策を見据える時期になったら、積算評価重視のポートフォリオから、相続に強いポートフォリオに組み替えるといいでしょう。

エリア的な問題ではなく、道路に接する間口が狭く再建築が厳しいため時価評価より相続税評価が高かったり、そもそも建築基準法の道路に接していなかったり、市街化調整区域に存したり、近隣に嫌悪施設がある場合など、周辺環境の問題、対象不動産固有の問題などで時価評価が低い場合もありますので、個別の資産の分析も重要です。

このようにさまざまな観点から相続に有利な不動産、不利な不動産が見えてきました。**図4-2**を使って作った表を確認して、相続税評価と時価評価の乖離や収益性の観点からランク付けをしましょう。次に、手放したくない順位もランキングします。ランキング付けが終わったら、再建築不可などの問題を抱えた不動産をピックアップします。こうすることで、資産を組み替えたほうがよい不動産、死守したい不動産、問題を解決すべき不動産が見えてきます。

賃貸経営状況から見る課題

第3章「賃貸経営状況確認」（P132参照）の項で賃貸経営状況を確認しましたが、そこから見える課題もあります。空室が多い不動産であれば、相場の賃料と比較してどうか、競合物件と比べて建物のグレード・内装などはどうか、運営費がかかり過ぎてないか、管理会社に支払っている管理料に対してサービスの質はどうかなど、さまざまな課題が考えられます。空室が多いからもう手放したいと思っている収益不動産でも、適切な管理が行き届いていないだけということもあります。管理の仕方を変えると空室が減り、よい運営状態になるかもしれません。

収益不動産を売却する際には、「営業純利益（NOI）÷還元率＝物件の価値」なので、売却を想定するとしても営業純利益（NOI）を上げてから売却するほうがより高く売却することができます。賃貸経営をしっかりと管理するということは物件の価値を維持するということにも繋がるので大事なポイントです。

図4-3

■税引き前キャッシュフロー表

※賃料は、毎年　　%の下落、空室率を　　%、運営費を　　%で想定。

	1年後	2年後	3年後	4年後	5年後	6年後	7年後	8年後	9年後	10年後
満室想定賃料(GPI)										
賃料差異										
空室・未回収損										
雑収入										
実効賃料収入(EGI)										
運営費(Opex)										
営業純収益(NOI)										
資本的支出(Capex)										
純収益(NCF)										
借入金返済(ADS)										
税前CF(BTCF)										

■税引き後キャッシュフロー表

※賃料は、毎年　　%の下落、空室率を　　%、運営費を　　%で想定。

	1年後	2年後	3年後	4年後	5年後	6年後	7年後	8年後	9年後	10年後
満室想定賃料(GPI)										
賃料差異										
空室・未回収損										
雑収入										
実効賃料収入(EGI)										
運営費(Opex)										
営業純収益(NOI)										
資本的支出(Capex)										
純収益(NCF)										
減価償却										
借入金利										
課税所得										
所得税(税率　　の場合)										
借入金返済(ADS)										
税後CF(ATCF)										

また、収益不動産を売却する際には、過去の入居の状況や収支の状況などの資料があると、検討する相手にも安心感を与えることもできます。今後、システムの進化、業界のレベルの底上げ、売買で求められる水準などが変わり、管理会社からオーナーへのレポートのレベルも上がるでしょう。このような変化に気づかずにまわりから取り残されることのないよう、「オーナーの利益＝管理会社の利益」と考えてくれる質の高い管理会社を選択することも大切になってきます。

修繕の方法にも、「予防」、「繰延」、「強制」の3種類があります。予防は、何か問題が起こる前に計画的に修繕をしていく方法、繰延は、やったほうがよいことはわかっているけど先延ばしにする方法、強制は何か問題が起こってしまってから行う方法です。長期に保有する場合は当然予防を行ったほうがいいでしょうし、不動産の売却を予定している場合には、費用をかけて売却するのではなく、費用をかけずに売却をするという方法もあるでしょう。このように修繕の方法も将来の予定によって変わります。

図4-3は将来を見据えた不動産個別のシミュレーションです。家賃が下落したり、修繕費を考慮したり、減価償却費が減って支払金利が下がることで税引き後のキャッシュフローが減少していくことも確認することができます。このシミュレーションを不動産別に作り、数字を合算することで、不動産全体のシミュレーションを行うことができます。

保有するのか、売却するのかという判断も、不動産個別、不動産全体の将来のシミュレーションを立てていれば、どの程度保有し、いつ売却するのか、売却した資金を元手に資産を組み替えるとどうなのかなど、意思決定の判断材料にすることができます。このようにシミュレーションを作り、戦略的に資産の保有、売却、組替え、購入などを考える経営と、収入と支出、物件の価値の物差を持たずに、空室が増えて来たからとか、収支が悪くなってきたからという感覚で売却を考える経営では、結果も大きく変わります。

相続対策での有価証券

第2章「相続税評価の有価証券の評価方法」（P43参照）で有価証券の相続税の評価方法をお伝えしましたが、有価証券は基本的に時価と相続税評価がイコールです。そのため、相続税の節税対策にはなりません。また、遺産分割対策で考えると、相場による変動幅が大きいので遺産分割の基となる数字が大きく変わります。

株を持っている方の相続の場合、相続発生時は高い株価だったのが納税するときには株価が下がり、相続発生時期の高い株価に対する相続税を支払うことがあります。有価証券の場合は、相場の動き、保有する有価証券の値動きが激しいため、遺産分割対策や相続税の対策に大きく影響を及ぼす可能性があります。

また、遺産分割で揉めることを危惧する方は、現金化して財産を確定したほうがよいかもしれませんし、相続税の節税対策の必要がある方も現金化して相続税に有利な不動産に資産を組み替えたほうが有利かもしれません。

しっかりとした現状分析をすると、個々に違う目標や課題が見えてきますので、必要に応じて目標や課題に合わせて資産を組み替えていくこともできるようになります。

相続税申告で問題になりやすい名義預金

相続税の税務調査でよく問題になるのが「名義預金」です。名義預金とは、自分の名義以外の口座に預金をすることです。よくあるのが、子ども名義の通帳を作り、親がそこに預金するというパターンです。子どものためを思ってコツコツ預金を行っている姿に涙ぐましい親の努力を感じますが、税務上でいうと通帳の名義が子どもというだけでお金の出どころが親であれば、通帳は子どもの名義であっても実態としては親の財産になります。

名義預金がある場合は、子どもに渡さずに、相続が発生したときに親の財産として相続税の申告を行えば問題ないでしょう。しかし、子どもにあげるために子どもの名義で作った通帳なので、生前に渡してしまうか、子ども自分名義の預金なのだから相続財産に含まなくてもいいと思って、相続財産に含まずに相続税申告をしてしまう方が多いです。生前に渡した場合は、渡した時点で貯まっていた額が贈与額となり、贈与が発生し、贈与の申告、贈与税の支払いが必要になります。通帳を渡したときに税務署が来ていないから大丈夫と思う方も多いのですが、相続が発生して税務調査が入ると、過去に遡り、お金の流れをチェックできますので隠し通すことは難しいでしょう。通帳を破棄してしまえば大丈夫と思う方もいますが、税務署は取引している預金の記録を金融機関から取得することができるので通帳を破棄しても意味がありません。

高額になればなるほど、贈与税は相続税より税率が高くなりますので、計画的に生前贈与を行ったり、別の方法で資産を上手に移転させていくほうが相続人にとってもメリットが大きいです。

なお、祖父や祖母が孫名義で預金しても、まったく同様なのでご注意ください。

気をつけたい生命保険のポイント

本項では生命保険のポイントをお伝えしますが、用語に関しては第2章「相続税評価の生命保険の評価方法」（P40参照）で解説した用語が出てきますので、見返しながらポイントを掴んでください。

まずは、保険の入り方によって税金の取り扱いが変わり、相続税の非課税枠が使えるか使えないかも変わってしまう場合があることです。

図2–5（P42参照）で説明した通り、誰が契約者で、誰が被保険者で、誰が受取人かによって相続税か贈与税か所得税かという取り扱いが変わります。この契約者、被保険者、受取人の関係は、相続対策としてすすめられた生命保険でもよく間違いが起こるので注意が必要です。相続税の非課税枠を使いたい生命保険であれば、契約者と被保険者が被相続人で受取人が相続人でないといけません。たとえば、契約者が父、被保険者が母、受取人が子というパターンでは相続税の取り扱いではなく、父に相続が発生した時点での解約返戻金相当額が相続財産となります。

ほかにも現場でよく遭遇する間違いは、契約者を子にしているのに保険料は親が払っているというパターンです。これは支払った保険料が子どもへの贈与となってしまいます。

また、貯蓄目的ですすめられ生命保険に加入している方も散見しますが、現在、生命保険に貯蓄機能はほとんどありません。

私のお客様が貯蓄性のある生命保険として紹介された某生命保険会社の終身保険は次のような条件でした。

保険金額：500万円・月払い保険料：1万9000円・保険料払込期間：30年・払込

保険料累計：393万円・保険料払込期間満了後解約返戻金：435万円・返戻率110・8％

保険料払い込み期間満了までは、途中解約すると、払い込み保険料に対して、60％台後半〜70％台後半の解約返戻金しか戻りません。つまり、契約から30年間は途中解約すると大きく元本割れする金融商品なのです。また、返戻率が110・8％とありますが、これは30年間で10・8％増えたということを意味しています。この10・8％はあくまで払込保険料に対しての利益率ですから、「不動産の利回り」（P112参照）の「収益不動産の価値」のページでも触れたように、利回りに直さないと銀行預金などの金利と比較することはできません。そこで、これを利回りに直すと0・34％です。0・34％であれば執筆時点の低金利の時代であっても、商品によっては同等もしくはもっと高い金利の定期預金があります。また、定期預金の場合は途中解約をすることで大きく元本割れすることもありませんから、元本割れするリスクに対して得られるリターンとしてはとても見合わないものになります。たしかにバブル期には高利回りの生命保険の商品もありました。今ではそのような生命保険を「お宝保険」と呼びます。

生命保険は、税の優遇が受けられる非課税枠や仕組み自体を上手に使うことで、遺産分割対策や贈与の際に、子どもにすぐお金を使わせずに被相続人に相続が発生したときに初めて現金化できるようにすることもできます。しかし、契約者、被保険者、受取人の関係を適切にしない生命保険や、過度な生命保険の加入は大事な納税資金を使えなくしたり、遺産分割対策に悪い影響を与えたり、長期にわたって元本割れする商品に加入してしまったりと、相続対策どころか相続にとって悪影響を与えかねません。

基本的に生命保険の代理店は生命保険の商品のプロであって、税や相続対策のプロではないので、相続対策で大きな額で生命保険に入ることを検討する場合には、相続対策のプロと一緒に相続財産全体を考えたうえで加入するのがよいでしょう。

今だけでなく時系列で考える

ここまで現在の時点での現状分析を行ってきました。しかし、現状分析は現在を切り取ったものでしかありません。もちろん、現状分析が無意味ということではありません。現状分析は相続対策の全体を組み立てるための欠かせないステップですので、決しておろそかにしてはいけません。しかし、より大事なのは現状を維持していくと将来どうなるか、対

図4-4

	現在	1年後	2年後	3年後	4年後	5年後	6年後	7年後	8年後	9年後	10年後
父	72	73	74	75	76	77	78	79	80	81	82
母	70	71	72	73	74	75	76	77	78	79	80
長男	50	51	52	53	54	55	56	57	58	59	60
長女	48	49	50	51	52	53	54	55	56	57	58
次女	46	47	48	49	50	51	52	53	54	55	56
長男の子A	25	26	27	28	29	30	31	32	33	34	35
長男の子B	24	25	26	27	28	29	30	31	32	33	34
長女の子C	22	23	24	25	26	27	28	29	30	31	32
次女の子D	23	24	25	26	27	28	29	30	31	32	33
次女の子E	20	21	22	23	24	25	26	27	28	29	30

策を行っていけばどうなるかという視点です。

図4-4を見てください。親の年齢が変われば子の年齢も変わります。年齢を重ねるにつれて意思判断能力も弱ってきますので、親の年齢によって取るべき対策も変わってきます。考慮すべきは親の判断能力だけではありません。たとえば、家賃収入を生む不動産であれば、贈与をして贈与税を払ったり、譲渡をして譲渡税を払ったりしても、家賃収入は子に直接入るようになります。仮に相続発生まで時間があれば、家賃収入が子に移ることで親の資産が殖えずに相続税が圧縮できるということもあります。贈与や譲渡は、親の生前に行ったほうがよいか、それとも相続まで待ったほうがよいか。これは、現在だけを見るのではなく、親の年齢も含めて時系列で考えて初めてできる選択です。

相続対策を行ったり、家賃収入などで資産が殖えたり、贈与を行って資産が減ったり、資産を組み替えたりすることで現状は現状でなくなります。利益率という単年度を計る指標だけでなく、将来を見据えて利回りで考えることも大事ということをお伝えしたように、不動産の投資効率を上げるためにも将来を見据えて考えることが大切です。今の積み重ねが将来につながりますが、資産は数字で表すことができます。

次項では将来の押さえるべき数字について見ていきたいと思います。

時系列で考える収支、純資産、相続税

現状の分析までは、基本的には現在から過去にかけての会計が扱われます。これに対して、時系列の視点では、現状を踏まえながら現在から将来までを見通した会計を考えることになります。時系列で不動産の収支、純資産の増減、相続税の増減をシミュレーションできれば、対策が自分の相続税にどう影響を及ぼすのか、相続税だけでなく資産にどう影響を与えるのかを数字で確認することができます。例を見てみましょう。

■家族構成

父70歳、母68歳、子39歳、子37歳

■保有資産

不動産1（自宅）、不動産2（アパート）、不動産3（マンション）、不動産4（駐車場）、現金、生命保険で、大体の資産規模は時価ベースでの純資産が3億円くらいだとしましょう。

この場合、10年間の時価ベース純資産額をグラフにしたものが図4-5になります。

現在である0年目は生命保険が保険金ではなく解約返戻金相当額の金額が評価になっているので、3億円を切る数字になっています。このように時系列で時価ベースの純資産額を見ると、当初3億円くらいの財産が、約3億6300万円に増えていることがわかります。このように財産額は時系列で見ることで大きく変化しています。これは相続対策をまったくしていない状態で、被相続人の生活費も考慮していません（実務上では生活費も計算の対象として考慮に入れます）。それでもこれだけ数字が変わるので遺産分割の前提になる数字が移り変わり、一度の対策ではカバーしきれないことがわかるでしょう。

次に相続税の変化を見ていきます。図4-6をご覧ください。これは法定相続分で分割した1次相続と2次相続の相続税の合計の10年間のグラフです。当初、約2700万円だった相続税が、10年後には約4500万円になっています。10年間で約1800万円増額していますので、相続税の納税資金の対策の内容も大きく変わる可能性があります。相続税の納税資金の対策が変われば、誰に何を相続させるかとか、相続税の納税用の資産をどうするかという前提が変わってきますので、遺産分割対策の内容も大きく変わっていく可能性があります。

今まで現状分析に多くの紙面を割いてきましたが、しっかりとした現状分析、所得税を考える損益計算書（P／L）、実際の手取りを知る税引き後キャッシュフロー、時価ベースと相続税評価ベースの貸借対照表（B／S）を考えることで、収支の推移、純資産の増減、相続税の増減を確認できるようになり、このような資産と相続税の変化を時系列で

図4-5

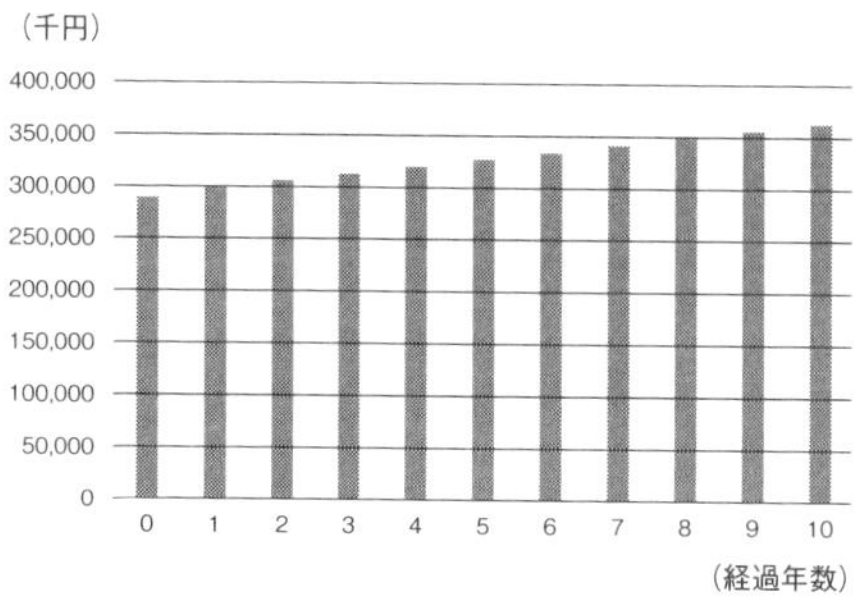

図4-6

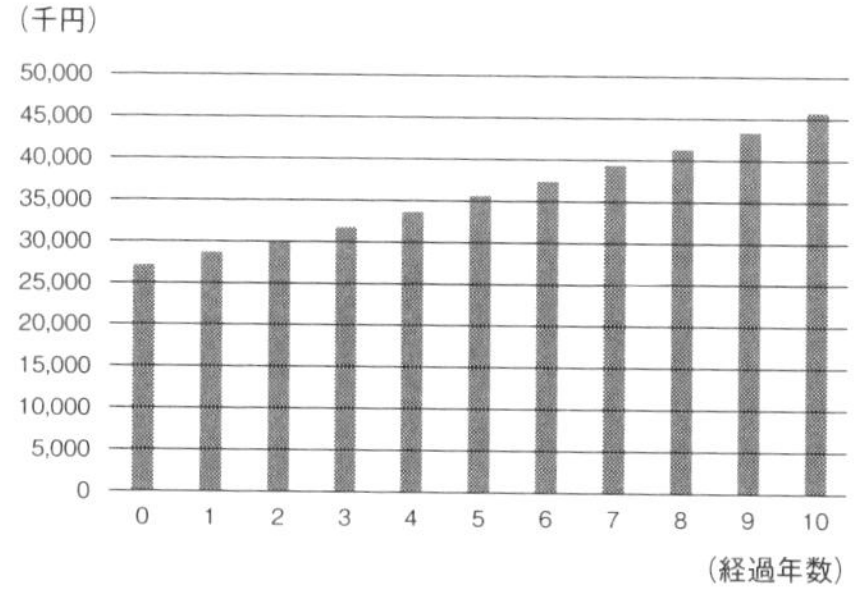

見ていくことができるようになります。現状分析のベースさえできてしまえば、相続対策をするとどうなるかといったシミュレーションを行ったり、家賃の下落や不動産相場の変化などのマイナスの予測などを考慮してシミュレーションしてみたり、さまざまな想定が可能になり、将来を見据えた試算を行うことができます。

このようなシミュレーションを行えば、対策を行うことで本当に効果があるのかどうかを的確に判断できます。感情的な部分を数字にすることは難しいですが、資産や税は数字として表すことができます。しっかりとシミュレーションすることで意思決定を助け、間違った対策をすることを防げます。

第5章

対策の実施

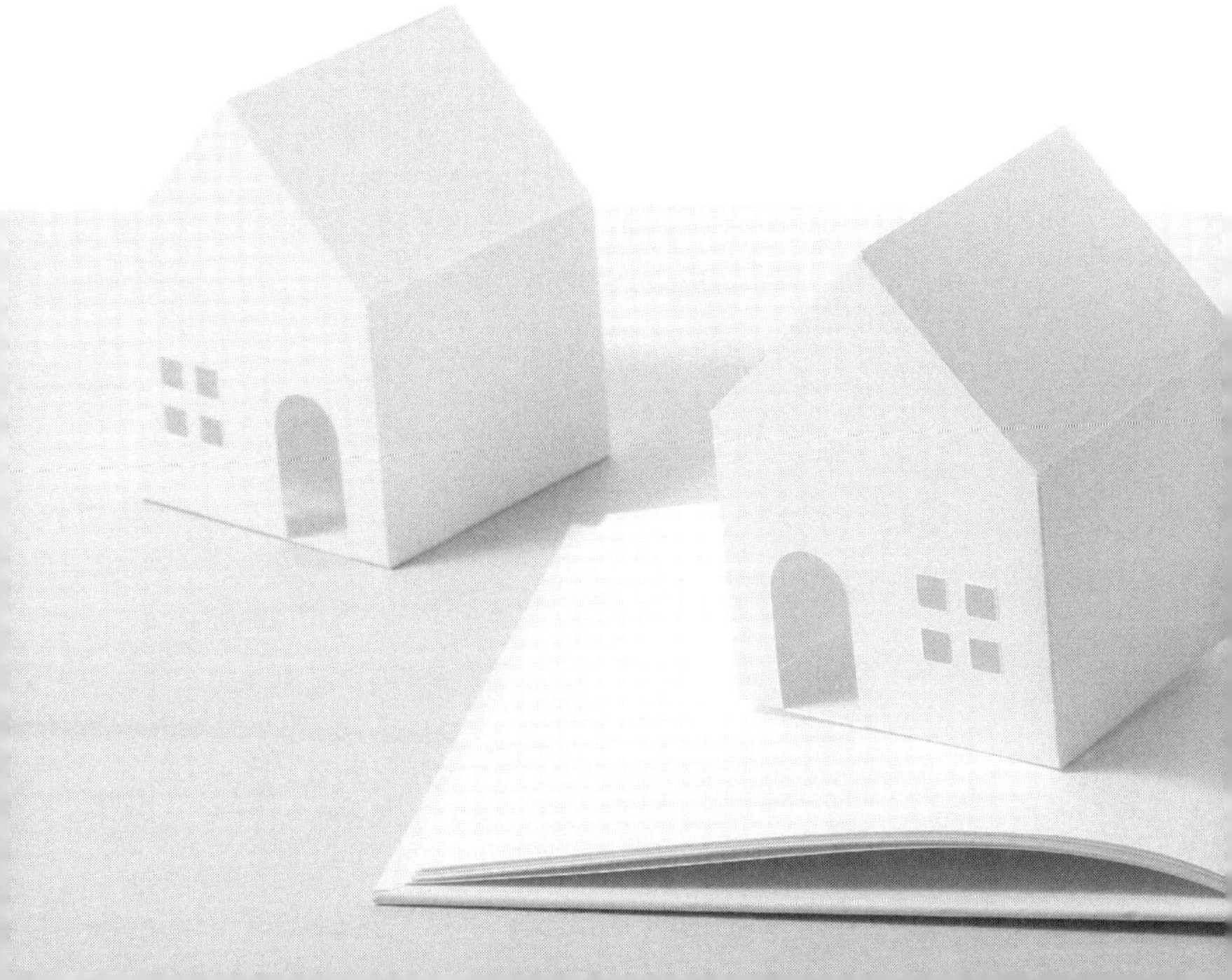

対策の実施に当たって

対策の実施に当たって、まず注意していただきたいことがあります。

今まで現状の分析について多くの紙面を割いて説明しましたが、相続対策の肝は現状分析です。現状分析することで見える今の課題への対策を立てるという原則を守って進めることです。ほとんどの方が現状分析をせずに断片的な情報を基に対策を行っているのが現実です。これはその方のせいというよりも、相続対策と謳って商売をしている側の多くが相続対策を目的にしているのではなく、商品やサービスを売るための切り口にしていることが問題なのかもしれません。

しかし、相続対策を進めるときは断片的な情報で行う部分最適ではなく、全体を俯瞰して考える全体最適を目指してください。現状分析→課題や問題の抽出→対策の実施の手順で相続対策を考えると、現状をよりよくする課題も見えてきます。こうして対策の検討を重ねることで、よりよい相続対策になり、より強固な資産の形成になります。

数字だけをしっかりと捉える相続対策を行っても、感情面が置き去りになると言う方もいますが、実際はその逆です。最初から正しい数字を伝えることで誠実な態度が伝わります。相続で揉めるときは、隠したり、後から不利な事実を聞いたりする場面が多いものです。たとえば、1億円で均等に分けようと言われたのに、実は1人の相続分が2億円の価値があったということがわかれば不信感を持つのは当たり前でしょう。

また、実際に対策を行うときは、やらなかったらどうなるのか、やったらどうなるのかというシミュレーションを行って、効果を確認しながら進めてください。業者さんによいと言われたからという理由で進めても、後から間違いに気づいて修正を行い、多額の費用がかかる場合もあります。私のところにはすでに対策をしてしまって、後からよい選択肢でなかったことに気づいて修正を希望される方もたくさんいて、その多くの方が対策前に相談して効果を確認してから進めればよかったと言います。そのようなことにならないようにシミュレーションを行って効果の確認をしたうえで進めましょう。

対策を進める際には、優先順位を決めて行っていきます。間違いの訂正と遺産分割対策は同時並行で行い、相続税の節税と納税対策は数字が大きい順に対策を進めていきます。効果が大きいとわかっている対策を後回しにして、効果の小さな対策を先に進めているうちに、万が一のことが起きて相続が発生してしまうと、できることもできなくなってしまう可能性があります。実際問題としては、ケースバイケースですが、基本的に対策は効果の大きい順に進めましょう。

対策の実施に当たる前に押さえるべき相続発生後の流れ

実際に対策に当たる前に、相続が発生するとどういう流れになり、何ができなくなるのかを確認しておきましょう。相続発生時に何が起こるのかを理解しておくと、生前でしかできないこと、やっておくべきことが明確になります。図5-1は、相続発生から相続税申告まで流れです。相続が発生し、相続税申告までの期間は10か月です。相続が発生した時点で何が起こるのでしょうか。

この時点で、①相続人が確定、②相続財産が確定、③相続税申告までの期限が確定します。ここが重要なポイントです。

相続が発生すると、相続人の人数、相続財産の構成を変えることができなくなります。そのため、相続発生後は限られた条件のなかで適切な評価方法で適切な特例を使うということが中心になります。土地を分筆し、別々の相続人に遺産分割して評価を引き下げたり、不動産の売却を行って時価申告をしたり、払った相続税を取得費に加算できる特例を使ったりなどもできますが、置かれた状況のなかで最良の手続きを行っていくというイメージです。

この対策も、相続に強い専門家に頼むのとそうでないのとでは雲泥の差が出ますが、問題や課題の根本は解決しません。財産を相続した次の世代が同じように対策をしなければ、遺産分割をした分、相続税の納税のために手放した分だけ財産が減り、同じ問題や課題が繰り返されます。

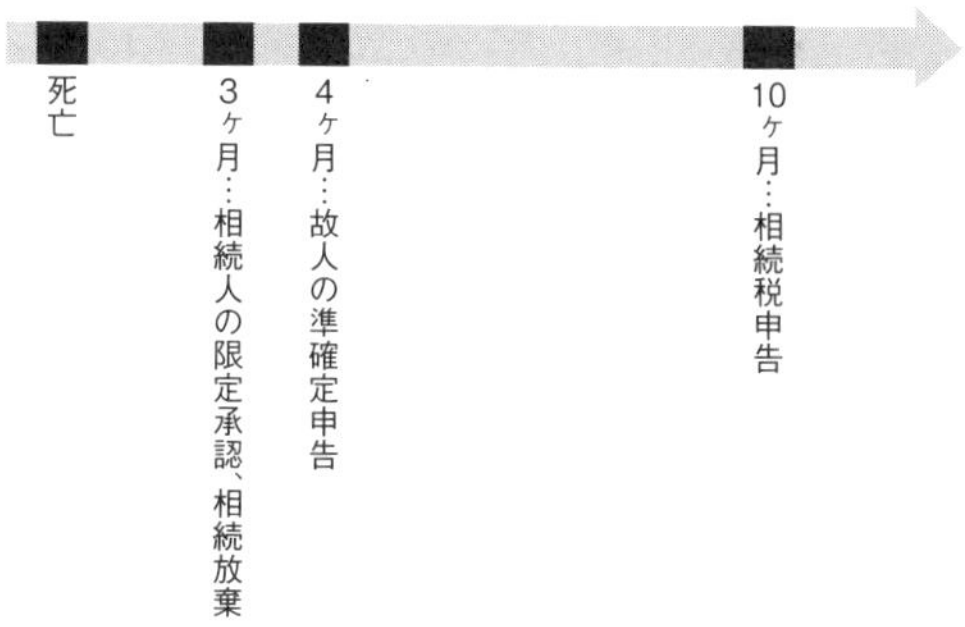

図5-1

相続人を増やす対策、相続に強い財産の構成に変えていく対策は、相続発生によって相続人と相続財産が確定してからはできませんので、生前に行わなければいけません。また相続発生よって申告の期限が確定するということは、相続税の納税の期限も決まりますので、10か月以内に相続税の納税資金を確保するという道筋を立てておく必要があります。

名義預金、名義保険、生命保険の整理

相続税の税務調査は相続税申告全体の4～5件に1件、そのうち8割を超える方が追徴課税を払います。相続税は、税のなかでは税務調査が入る確率、追徴課税を支払う確率がとても高い税といえます。そのなかでも名義預金はよく指摘される事項です。名義預金がきっかけで税務調査が入ると、他の財産もくまなく確認されますので、名義保険があれば指摘事項になるでしょう。遺産分割対策や相続税の納税、節税対策を行うことも大切ですが、きちんと申告できる準備を事前にすることも大切な対策です。名義預金は、額がわかっていれば最初からその額を資産に計上し、全体の財産額を計算し、他の対策を進めればいいのですが、額がはっきりしない、高額になるといった場合などは全体の財産額に影響を与えるので、まずは名義預金の把握を行うことが先決です。この名義預金や名義保険の対策は他の対策と並行して進められますので、しっかり整理しておきたいところです。

また、相続税の非課税枠を使いたいと思って加入した生命保険の契約者、被保険者、受取人の関係が相続税の扱いになっておらず、非課税枠が使えないというケースも現場では

多く見られますので併せて整理したいポイントです。生命保険の非課税枠は、加入しているだけで法定相続人×５００万円が非課税になりますから、必ず活用したい対策の一つです。加入の方法も気をつけたいポイントですが、生命保険は遺産分割の対象にならないことを忘れずに対策を行ってください。生命保険を考える際には、非課税枠に目が行きがちですが、遺産分割で揉めないという前提あっての節税対策です。

名義預金、名義保険、生命保険のトラブルの相談は実務上とても多いので、相続対策を進めるうえではきちんと整理をしましょう。

遺産分割対策における遺言の活用

遺産分割争いを防ぐ対策として、遺言の活用は必ず行っていただきたい対策の一つです。地主さん、大家さんの場合、金融機関との取引がある方がほとんどなので金融機関から提案していただくこともあるでしょう。

ここでは遺言の概要をお伝えするとともに遺言作成の際のポイントをお伝えします。

遺言には「普通方式」と「特別方式」の2種類あります。特別方式は、疾病その他の事由や船舶が遭難したりして死期が迫っているときなど、伝染病により一般社会との交通が遮断されている場合など、特別な場合の遺言なので通常普通方式の遺言を使用します。

普通方式の遺言は「公正証書遺言」、「自筆証書遺言」、「秘密証書遺言」の3種類に分かれ、**図5-2**のような特徴があります。

図5-2

	自筆証書遺言	公正証書遺言	秘密証書遺言
無効になる可能性	あり	なし	あり
遺言を書く人	本人が自筆	公証人	パソコン、代筆可
証人の有無	不要	2人以上	2人以上
作成費用	不要	必要	必要
家庭裁判所の検認	必要	不要	必要

自筆証書遺言は無料で、証人なども不要で行うことができますが、必要な要件を満たしていないといった理由で使えないことも多いので、一般的に相続対策では公正証書遺言を使います。

遺言の作成の際に大事なのは、「遺産分割の評価は時価で行う」ということです。多くの方が相続税評価しか確認していないで遺言を作成していますので、時価で現状を確認し、法定相続分、遺留分を考慮しながら、誰に何を渡すのかを決めて遺言を作成してください。首都圏では、時価評価が相続税評価に比べて2~6倍高いというケースも多いですし、不動産自体に再建築不可などの要因があれば相続税評価よりも時価のほうが低いというケースも多いので注意してください。

なお、自筆証書遺言と秘密証書遺言は内容を秘密にできるからよくて、公正証書遺言は内容が証人から漏れるリスクがあるのでよくないといわれることがありますが、実務上は考えにくいケースです。証人には相続人はなれないので第三者がなりますが、実務上は公正証書遺言の作成を依頼したコンサルタントや公証役場に用意してもらうことになります。その第三者から漏れるというのは考えづらい状況です。

また、遺産分割で揉める原因の多くは隠すことです。遺言を作成するときは、秘密にすることが大事なのではなく、被相続人が生前に遺言の内容をオープンにして相続人に言い聞かせることです。そのほうが相続人たちも納得して、後でトラブルになるケースも少ないです。

多くの地主さんは遺産分割に問題や課題があるというよりも、相続税の納税資金や相続税の節税に問題や課題を抱えていることが多いです。家督相続的に跡を継ぐ相続人（主に長男が多い）に対して多くの資産を遺し、他の兄弟と差をつける場合もありますし、法定相続分を意識した場合もあります。また分ける財産が少なく、利害関係人が多い場合に揉める確率は高くなるので、きちんと準備して、遺産分割対策を必ず行ってください。

遺言は他の相続対策と並行して行うことができますが、対策を行うことで遺言の内容も変わります。遺言は1度作ったら終わりと思っている方も多いですが、1度作ったら終わりではなく定期的に見直していくことも必要です。

相続人を増やす養子縁組

相続が発生すると、相続人が確定するということをお伝えしました。相続人の数で基礎控除が決まり、生命保険の非課税枠も決まります。退職金がある方は退職金の非課税枠も決まります。相続人1人ごとに、基礎控除で600万円、生命保険で500万円、退職金で500万円が変わってきます。

養子縁組を使うことで相続人を増やすことも可能です。養子縁組は、「普通養子縁組」と「特別養子縁組」があります。相続対策で行う養子縁組は普通養子縁組です。普通養子縁組で養子縁組を結ぶと、戸籍上は二重の親子関係が存在することになります。たとえば、**図5-3**のように親（父母）、子、子の配偶者、孫がいる場合、親と孫が養子縁組を結んでも、子や子の配偶者と孫との間の親子関係が切れるわけではなく、その親子関係を継続しながら、親と孫との親子関係も成立している状態となります。そのため、親の相続人が1

人増えることになります。そうすると、基礎控除、生命保険の非課税枠、退職金の非課税枠が1人分増えますので、実効税率が30%の方であれば、（600万円＋500万円＋500万円）×30%＝480万円の節税です。実際には、相続税の計算では、課税される財産から基礎控除を引いた財産額を法定相続分に分けて相続税を算出し、合算したものを遺産分割の割合で分けていくので、法定相続分に分けて相続税を計算する際に相続税率が下がることが多く、その場合は前記以上の節税効果があります。

図5-3

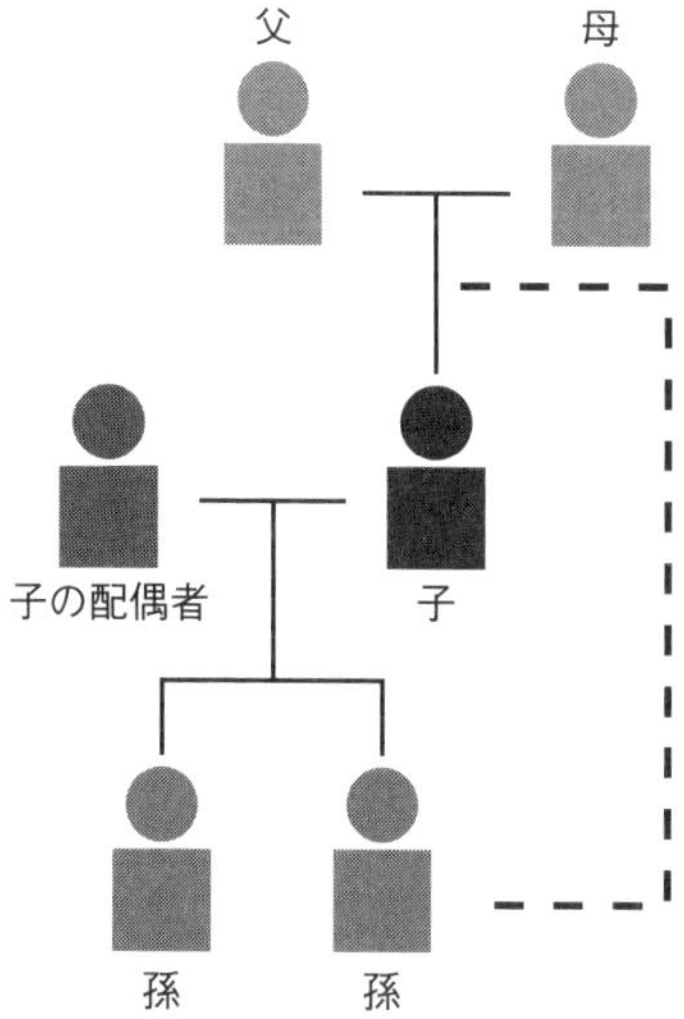

注意点は、相続税の取り扱いが配偶者と1親等の血族以外のものが相続税財産を相続すると相続税が2割加算されるという点です。また、養子縁組を無限にすることができるといくらでも相続税の節税ができてしまいますので、相続税を計算するうえで相続人として増やせる養子縁組は実子がいる場合1人まで、実子がいない場合は2人まで

となります。

相続対策の実務では、孫を養子縁組にする場合や子の配偶者を養子縁組にする場合が多いです。孫の場合、若いときから財産を渡したくないという想いや、子の配偶者の場合は、血族でない子の配偶者に財産を相続させることに抵抗を感じるという想いを持たれる方もいますが、遺言で孫や子の配偶者に相続をさせないようにすることで対応ができます。ただし、遺留分は残りますので、子と子の配偶者の夫婦関係に不安を感じる場合は、孫を養子縁組にしておいたほうがよいでしょう。

特例の適用要件を整える

相続税の申告の際に相続税額が大きく変わる特例が、「小規模宅地の特例」です。小規模宅地の特例をどこで適用するか、適用するためには要件をどう整えるかという検討は非常に重要なポイントです。小規模宅地は簡便的に考えると、居住用（被相続人が住んでいる家屋がある土地）、事業用（被相続人もしくは被相続人と生計を一にしていた被相続人の親族が事業に使っていた土地）、貸付事業用（アパートやマンションなどの賃貸経営を行っている土地）の3種類に分類されます。そのなかで、居住用と事業用は80％の評価減、貸付事業用は50％の評価減です。また、適用できる面積は、居住用330㎡、事業用400㎡、貸付事業用200㎡です。居住用と事業用は併用が可能ですが、貸付事業用を適用する際には以下の式になります。

（①＋②×200／400＋⑥×200／330×＋（③＋④＋⑤）≦200㎡

※①～⑥は第2章図2-7を参照（P58）。

すべて同じ路線価だった場合は、居住用と事業を併用すると効果が高くなりますが、貸付事業用の土地の路線価が高い場合には、貸付事業用の土地に小規模宅地を適用することで効果が高くなることがあります。そのため、もともとは大きな差がなく自宅と事業用の併用の効果が高かったが、資産の組替えなどで都心の収益不動産を購入したことで貸付事業用の土地に適用すると効果が高くなるという場合も出てきます。

小規模宅地の特例は、適用要件が奥深く、小規模宅地の特例だけでも本が1冊では足りないくらい濃い内容です。現在は使えても、介護などの生活環境の変化により適用の可否が変わる場合があったりもしますので、小規模宅地の特例が使える要件を整えておくこと、使えなかった場合でも対応ができるよう準備をしておくことが望ましいです。

土地の分割方法を工夫する

相続税の納税や相続人の自宅建築、小規模宅地の特例の面積以上ある土地建物の有効活用、遊休地の有効活用を考える際に、土地をどう分割するのが最有効活用なのかの判断を迫られる場面があります。アパートやマンションに適した土地かどうかという検討も必要ですが、アパートやマンションを建築せず、土地を売却して資産を組み替える、納税資金などのためにキャッシュに変えることが一番の最有効活用というケースが多くあります。

そのようなとき、土地の分割をどう考えればよいのでしょうか。マイホームを建築するなどの一般の消費者が購入できる価格帯の土地でなければ、多くは不動産業者に売却するという選択肢が多いです。ということは、土地の分割を考える際には、どのように分割しておけば、不動産業者が高く購入するかを逆算して考えておけばいいわけです。

たとえば、**図5-4**のような土地があったとしましょう。この土地の将来の売却を見据え、

図5-4

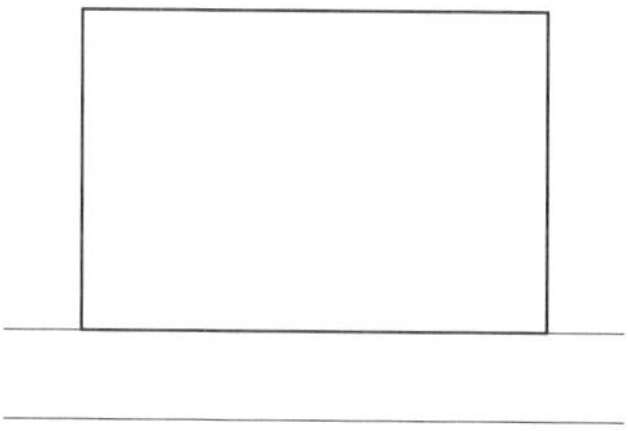

図5-5

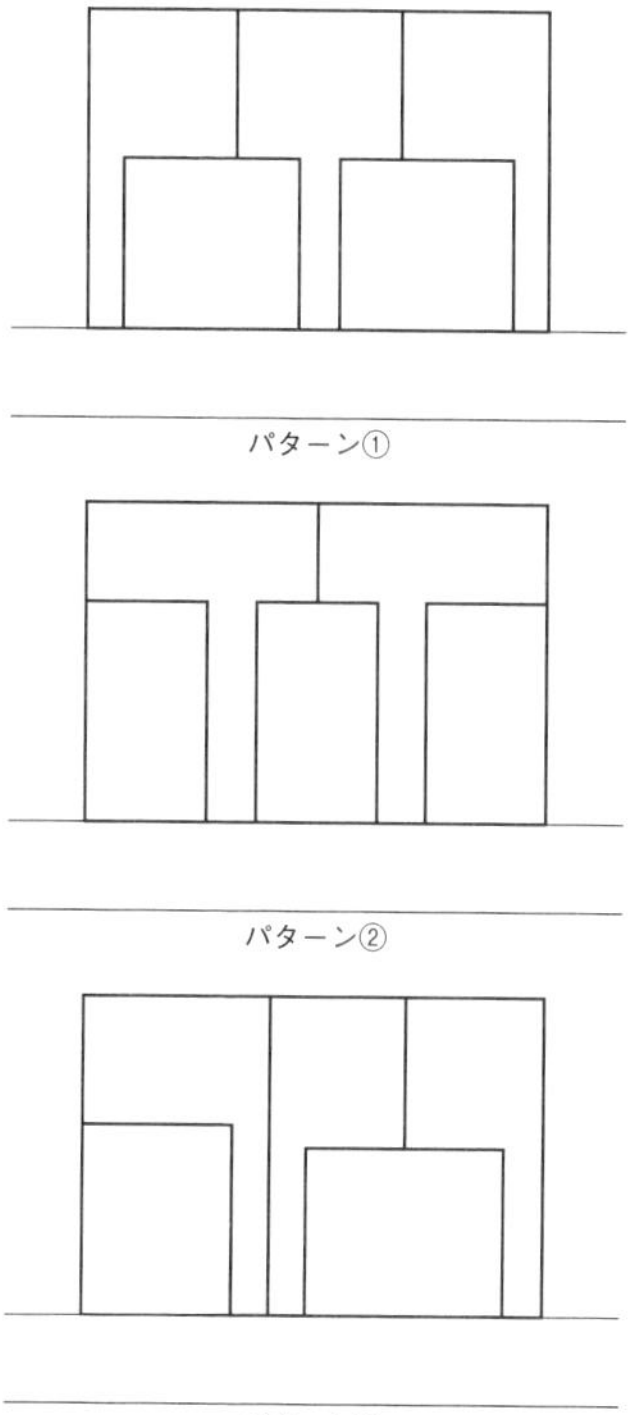

パターン①

パターン②

パターン③

資産価値を高くするためにはどう分割するか。2人の相続人が2区画と3区画ずつ取得し、将来相続税の納税などで売却するという想定で、**図5-5**のパターン①、パターン②、パターン③で考えてみます。

このなかで、パターン①は不整形（旗竿地）が多くなるので、業者への売却価格が下がるため選択肢から消えます。パターン②の場合は整形地が多くなるので、土地を一括して売却する際は最も高くなる可能性があります。2人の相続人が相続をするが、同時売却ではなく各々の考えでどう使っていくかは任せるという状況のときは、パターン②よりもパターン③のほう

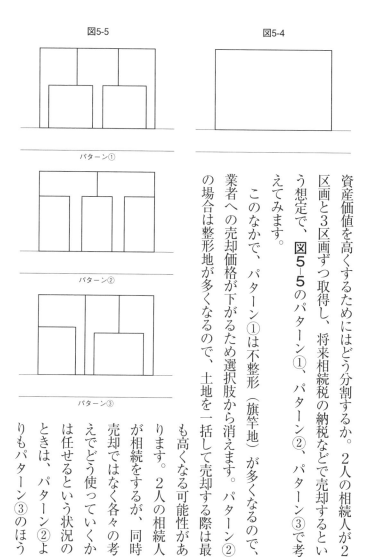

が2区画と3区画に分けたとき、それぞれが整形地になるのでパターン③のほうが使い勝手がよいでしょう。このように同じ土地でも、使い方一つで不動産の価値が変わります。

相続の現場では、遺産分割で土地を分けるときにこのような最有効活用を考えずに分割してしまうケースが多いです。1つの土地を2つに分けるという非常に単純な場面などでもよくあります。

たとえば**図5-6**のように、1つを整形地に、1つを旗竿地にしてしまうケースをよく見ます。路線価で面積を等分して遺産分割をするときに、このような現象がよく起こります。土地は分割方法によって大きく価値が変わります。旗竿地になると建築の制限が出るエリアもありますので、**図5-7**のパターン①のように分割することで旗竿地にすることなく、建物の間取りも入るというケースもありますし、等分ではなく他の財産で金額の調整もできるという場合、3分割にできる面

図5-6

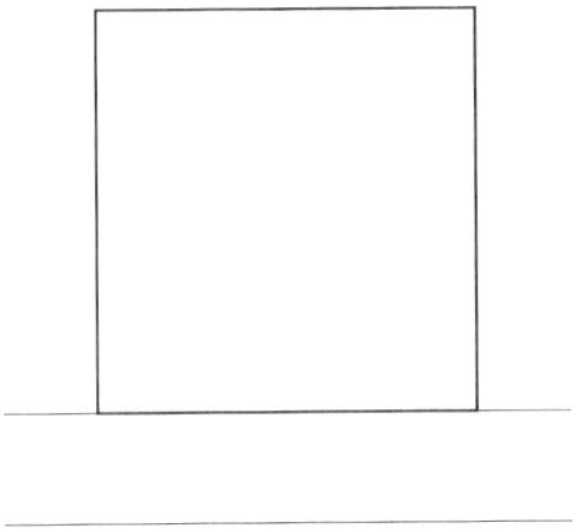

元々の土地の形状

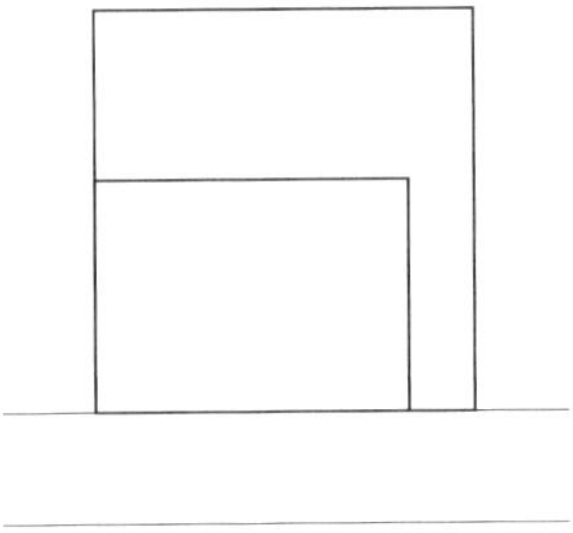

遺産分割時によく見る整形地と旗竿地のパターン

積があるときは、図5-7のパターン②のように3分割にして、片方が2区画、片方が1区画を取得するという選択肢もあるでしょう。

この区画割りを考えるとき、どう分割すれば一番相続税が安くなるかという視点のみで分割を考えてしまう方もいますが、その考え方では本末転倒になってしまいます。相続税を節税したいのは、あくまで時価の純資産を効率よく残すために行うので、図5-6の旗竿地のような形にしてしまうことで価値が目減りしたり、建築に制限が出て共同住宅が建てられなくなったりする弊害が出ることもあります。相続税評価は確認しますが、どう資産を最有効活用するかという観点で考えることが、やはりここでも重要です。

図5-7

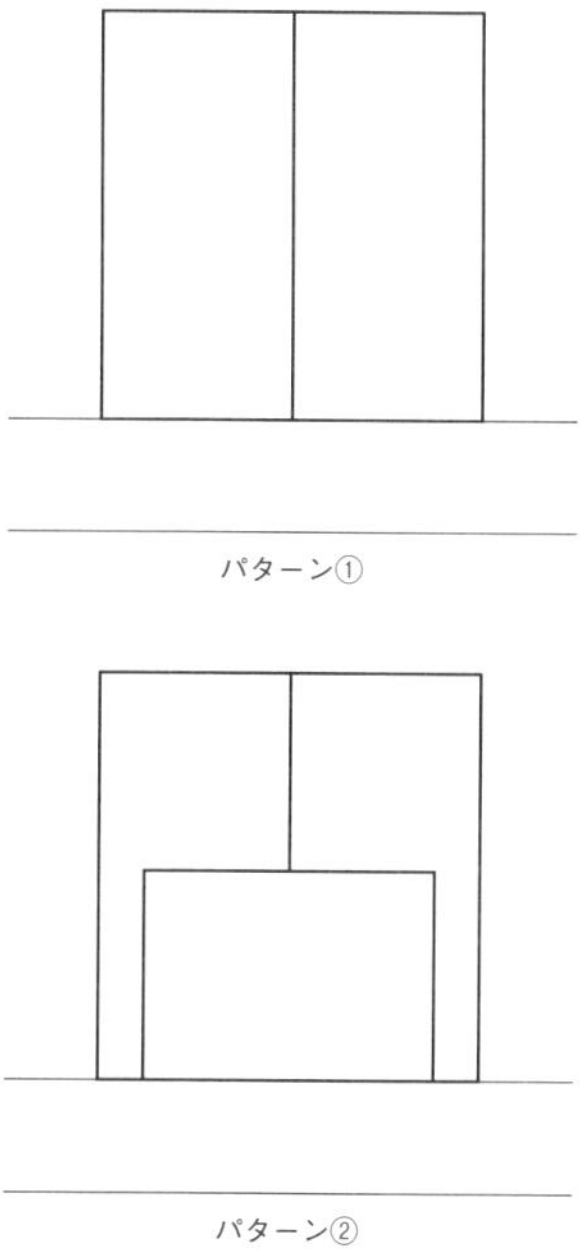

図5-4や図5-6のような土地のパターンで説明したケースで、土地の大きさや形が一緒だったとしても、すべてこのやり方が当てはまるというものではありません。最低敷地面積や旗竿地になることでかかる制限、

開発許可、エリアで売れ筋の面積や価格帯、土地の形状、広大地評価の適用の有無など、さまざまな要因を加味して考える必要があります。

生前贈与

相続財産を相続前に相続人に移転させ、相続財産自体を減らすという対策が「生前贈与」です。相続発生前3年間に行った贈与は相続時に相続財産に持ち戻して計算することになっていますし、暦年贈与は110万円の1年間の非課税枠がありますので早く始めるほど効果が高まります。

生前贈与には「暦年贈与」と「相続時精算課税制度」という方法があります。特徴は、**図5-8**の通りです。

一般的には、相続税の節税対策を行っていく場合には、暦年贈与を選択します。暦年贈与の場合、贈与した額によって税率が変わるという累進課税という点は相続税と同じですが、相続税よりも税率が高いことが特徴です。暦年贈与で贈与を行う場合には、相続税と比較して同じになる額はいくらなのか、相続税と比較して税が最安になるには贈与額はい

図5-8

	暦年贈与	相続時精算課税
贈与者	制限なし60歳以上の父母・祖父母	
受贈者	制限なし　20歳以上の子・孫	
基礎控除額	受贈者ごとに毎年110万円	贈与者ごとに2,500万円
税率	超過累進税率（2種類の税率構造）	一律20%
相続時	相続税の計算においては、相続開始前3年以内の贈与財産は相続財産に加算する 遺産分割の際には、特別受益になるので注意	相続財産にすべて持ち戻す
持ち戻し価格	贈与時の価格 贈与時の価格	
メリット	①相続財産を減らすことができる ②長期的に計画的に相続対策ができる	①一度に大きな額の贈与がしやすい ②値上がりする財産や収益物件の贈与により相続財産の増加を防ぐ
デメリット	①一度に大きな額を贈与すると、相続税より税率が高くなる	①基本的に相続税の節税効果はない ②暦年贈与に戻れない

くらかといった計算をして贈与額を決定していきます。

このとき、相続人だけでなく、同時に相続人の配偶者、相続人の子にも行うことで早く移転することができます。

孫が若いうちから多額の財産を渡したくないという方も多くいらっしゃいますが、その場合には、生命保険を活用することで対処できます。暦年贈与で渡した現金を支払い保険料の原資として、契約者を孫、被保険者を被相続人もしくは孫の親（つまり相続人もしくは相続人の配偶者）、受取人を子にする生命保険に加入することで、被相続人もしくは孫の親が亡くなったとき以外は使えないようにできます。現金で相続させるのと比べて、税金を節税でき、渡せる金額も同じということであれば効果の高い方法です。なお、契約者を被相続人にしてしまうと、暦年贈与をしたことにはなりませんので、暦年贈与をした現金で孫が契約者になり、孫が保険料を支払うという形を取ることが重要です。

贈与を行う際には、記録を残し、贈与をした事実を作らないと後で税務署から指摘されやすいので、生命保険を使った手法を併用する場合などはプロと一緒に進めることをおすすめします。

相続時精算課税制度は一度に大きな金額を動かすことができますが、相続時には相続財産として計算するので、相続税の節税対策にはなりません。将来値上がりが決まっている財産（たとえば新駅の開通により、土地の価値が上昇することが見込まれている場合など）、現在の評価方法や計算方法と変わることが見込まれ、贈与をしておくことで現在の評価方法や計算方法が使える場合などには効果がありますので、絶対に使わないということではありません。

賃貸経営改善による相続対策

賃貸経営改善が相続対策になるというとピンと来ないという方も多いと思います。すぐに効果が出るものではないので、時間をかけて改善していくものです。しかし、そもそも相続税の納税資金が足りないという現象は、持っている資産の相続税評価に対して稼ぎ出している収入が少ないということが根本の原因でもあります。そのため、時間はかかりますが改善していきたいポイントです。

また、相続税評価を行う際の貸家建付地の計算でも節税対策に使える賃貸割合というものがあります。たとえば5戸中4戸埋まっていれば80％使えます。5戸中5戸埋まっていれば100％使えるので、空室があるということは相続税評価に悪影響が出るということです。空室でも、募集をしていれば大丈夫という方もいますが、本来は賃借人に借家権が発生していることで、オーナーが自己使用をするために立ち退き費用などを要するという観点で減額が認められているのです。所轄の税務署によって、募集期間が3か月なら認める、1年だったら認めるなど、見解も違いますので、オーナー側でできる努力は空室を作らないことです。経営状態がよいとその分相続税の納税資金の確保ができ、相続税評価は下がり、時価ベースの資産価値は上がります。つまり賃貸経営の改善は、一度に3つの効果のある対策です。第3章「賃貸経営状況確認」で説明したように、収支の現状を確認して、賃貸経営改善にぜひ取り組んでみてください。

デッドクロスの改善で納税資金を確保

第3章「税金の計算上の所得は黒字でも、キャッシュフローでは赤字になる現象～デッドクロス～」で説明したように、収益不動産は長期保有をすればするほど減価償却費が減少し、借入金の支払いの元金が増えることで税引き後のキャッシュフローも減少していくという特徴があります。私が相続対策を行っているお客様の多くも、この現象に気づかない、もしくは知ってはいたけれど対策をしていないという方が多いです。デッドクロスが起こることで税引き後のキャッシュフローがマイナスになっているという方もいますので、相続税の納税資金の確保どころか、納税資金を減少させているという方も多いです。では、このデッドクロスにはどのような対策を取ればいいでしょうか。

デッドクロス対策には次の選択肢が考えられます。

①当初の自己資金を多くする
②当初の返済期間を長くする
③繰り上げ返済をする

④返済期間を延長する

⑤売却する

⑥減価償却費が多くとれる資産を追加する

などです。

では、このうち手持ちの収益不動産の保有を前提にした場合、使える対策はどれなのか？ 一緒に考えてみましょう。

①、②はすでに保有している場合には使えません。③の繰り上げ返済をすると相続税の納税資金を使ってしまうことになるので納税資金の対策としては難しいです。保有を前提として対策としているので⑤は考慮しないとして、⑥も対象不動産単体の対策ではないのでここでは考慮しないものとします。

残るは④です。これなら対象不動産単体ででき、保有期間中でもできる対策です。返済期間を延長するといっても現在借入れている金融機関に返済期間の延長を申し込むと嫌がられますし、新しく別の融資を受ける際にも影響が出かねません。そのため、別の金融機関に借換えをして返済期間を延長します。別の金融機関で借換えを検討すると、既存の金融機関も返済期間の延長に快く承諾してくれるケースもありますので、そのときの状況次第で最適な金融機関を選択します。

返済期間を延長すると、金利がかかる期間がせっかく減ってきたのにまた金利がかかる期間が増えると思うでしょう。しかし、ここまで読み進めていただいた方は思い出してください。金利は所得税の計算上経費に算入することができるのです。また、借入れは相続税の計算をするうえの相続財産の計算ではマイナスの財産となり、相続税の圧縮効果もあります。

たとえば、借入額1億円、金利2％、返済期間30年で借入れた融資の返済額は年間約444万円、25年の残債は約2100万円となります。25年目から30年目にかかる金利は約109万円です。この約2100万円の残債を返済期間15年で借換えた場合、年間の支払額は約163万円となり、15年間で支払う金利は約334万円となります。借換え前の支払金利が約109万円なので、約230万円金利が増えたことになります。ただし、この金利は所得税の計算上経費に算入できます。年間の支払額が約444万円から約163万円になりますので約281万円の現金を捻出することができ、相続発生時に借入れが残っていれば相続税の圧縮をすることもできるのです。

このように損益計算書（P／L）、キャッシュフロー計算、貸借対照表（B／S）の関係がわかっていると、感覚的に「借入れ＝悪」ではなく、借入れを上手に使うことで相続対策を行うこともできるのです。

既存不動産の修繕、リノベーション

大規模修繕やリノベーションは相続発生前に行うのがよいか、相続人が相続した後に行ったほうがよいか、という質問をよくいただきます。現在所有している不動産が経年劣化で大規模修繕が必要な場合や、建築した当時のトレンドと変わって競合物件と比較して古びた感じに見えてしまい、入居付けに苦労している場合など、判断に迷う方も多いようです。

一般的には、相続発生前に大規模修繕やリノベーションを行うほうがよいでしょう。相続発生前の場合は、大規模修繕やリノベーションにかかった費用の分だけ相続財産が減り、相続税が圧縮されます。相続人が相続した後では、相続税を支払った後の財産から費用を払わなければいけません。

たとえば、1億円の現金があるとして、相続税の実効税率が30％、大規模修繕に

1000万円かかるとします。相続人が相続した後に大規模修繕を行った場合は次のようになります。

1億円×30％＝相続税3000万円

相続税3000万円＋大規模修繕1000万円＝4000万円

ところが、相続発生前に行った場合は、

（1億円－大規模修繕1000万円）×30％＝相続税2700万円

相続税2700万円＋大規模修繕1000万円＝3700万円

このように同じ大規模修繕を行うのでも、相続発生前と相続人が相続した後では300万円も支出が減ります。また、大規模修繕を行うことで、不動産の見た目がよくなって空室損失が改善したり、高い家賃で貸すことができれば、収入も上がり一度に2つの効果を生むこともできます。

また、前項で説明した借換えを行う際に、大規模修繕の費用も同時に借入れることができれば経費化できる金利が増え、手元にある現金を減らすこともありません。ただし、現預金が少なく借入れができない場合は、相続税の納税資金が足りなくなるおそれもありますので慎重な判断が必要です。

相続、贈与、譲渡（売買）の効率のよい移転

相続の際の相続税を資産移転のための「コスト」と捉えれば、同じケースで贈与、譲渡（売買）を行ったときのコストと比較することで、最も効率的な方法を選ぶことができます。

図5-9は、相続、贈与、譲渡（売買）のときにかかる税の比較です。相続の場合は不動産取得税はかかりませんが、贈与、譲渡（売買）のときはかかります。不動産の登記を行う際の登録免許税の税率も変わります。これだけを見ると、相続、贈与、譲渡（売買）のなかで相続が有利に見えますが、ケースバイケースで贈与、譲渡（売買）が有利な場合があります。

贈与が有利になるのが、「生前贈与」（P178参照）で説明した不動産の値上がりが予想されるような場合や評価方法などが変わって相続税評価が上がってしまう場合などです。

また、相続、贈与の場合は相続税評価を使いますが、譲渡（売買）の場合は原則として時価です。この場合、鑑定評価、未償却残高（簿価）、固定資産税評価額、固定資産税評価額の割戻などから適正なものを選択し、使用します。未償却残高（簿価）が使える場合

図5-9

	相続	贈与	譲渡
評価方法	相続税評価	相続税評価	時価
渡す側の税	なし	なし	譲渡税
受け取る側の税	相続税	贈与税	
不動産取得税の有無	なし	あり	あり
登録免許税	固定資産税評価額×1,000分の4	固定資産税評価額×1,000分の20	固定資産税評価額×1,000分の20

には、建物の築年数が経過している不動産であれば、相続、贈与ではなく、譲渡（売買）のほうが低いコストで移転できる場合がありえます。この場合、土地は減価償却しないので、建物のみの未償却残高（簿価）が下がりますので、建物のみ譲渡（売買）するケースが多いです。使用した譲渡（売買）価格と、税務署の認識する時価に乖離が生じると、時価と譲渡（売買）価格の幅を「みなし贈与」とみなされ、多額の贈与税（買主が法人の場合は法人税）を支払うことになりますので、どの評価方法を使うかは税務署に否認されないように進める必要があります。

対策を行う際には資産税に強い税理士と打ち合わせ、必要であれば不動産鑑定士に不動産鑑定を行ってもらった鑑定価格を譲渡（売買）価格とする場合もあるので、相続に強い専門家チームと進めることが必要になります。

資産の組替え

現状分析を行い、課題を抽出すると、時価の視点、相続税評価の視点から、効率よく収入を生んでいるかどうかがわかります。キャッシュフローの視点、簿価の視点から見ると、キャッシュフローと課税所得の関係がわかります。資産の額に対して効率よく稼げていない資産であれば売却し、効率のよい資産に組み替えることを検討する必要があるでしょう。また、キャッシュフローに対して課税所得が多くなり、税引き後キャッシュフローが減っている場合には、減価償却を多く取れる資産を購入し、全体のバランスを調整したり、資産の組替えを検討する必要があるかもしれません。

地主さんの多くは、先祖代々引き継いできた土地を守りたいという気持ちが強いので、資産の組替え、とくに売却には後ろ向きです。しかし、現実は第1章の事例①（P17参照）にもあったように、対策を行わないと相続が発生するたびに土地を切り売りし、相続税の納税資金を捻出しているという事実もあります。先祖代々引き継いできた土地を自分の代で売却したくない、後世に残したいという気持ちを捨ててくださいとは言いません。しかし、残したい土地があり、その土地が効率よく収入を生み出していないなら、他の資産で穴埋めをする必要があり、その対策を立てるべきなのです。

具体的には、必ず残したい土地以外の効率の悪い資産を売却し、効率のよい資産に組み替える、または効率のよい資産を買い増していくということになります。単体で効率よく収入を上げている不動産を探すのも簡単ではありませんから、効率のよくない資産の収入を補う分だけの資産を殖やしていくのは簡単ではないと思います。しかし、資産を守るとはそういうことであり、守りたいものがあるなら守れるように努力しなければいけません。

現状分析をし、シミュレーションすることで、どのような資産をどれだけ増やせば資産を守ることができるのか、資産を組み替えるとどうなるのかということはすぐに確認することができます。死守したい資産のために、組み替えてもよい資産を最有効活用し、相続税の納税資金の捻出、資産が殖える仕組みを作ってください。大きな資産の額を動かすので不安もあると思いますが、不安があるときは解消するまでシミュレーションを行ってください。考えられるリスクを反映したシミュレーションを行うことで不安も解消できるでしょう。不動産の売却、不動産の購入に関しては後述しますので参考にしてください。

不動産の売却

相続税の納税資金の調達、資産の組替え、相続税評価に対して著しく時価が低い不動産の処分、有効利用が難しい不動産の処分など、相続対策ではいろいろな場面で不動産を売却します。その際に、相続税の節税を強く意識していたはずなのに、売却になると相場よりも低い売却価格で売却してしまっているケースも散見します。売却する不動産の額にもよりますが、相続税を100万円節税するよりも、不動産を100万円安く売却しないための努力をしたほうが早い場合もありますので、不動産の売却もしっかりと進めたいポイントです。

不動産を売却する際にまず大事なのは、売却する際の不動産仲介会社選びです。不動産を売却するときは不動産仲介会社に依頼します。不動産仲介会社次第で不動産が高く売れるか、安く売れるかかが決まります。

ところで、医者に内科や外科、小児科など専門分野があるように、不動産業界にも得意分野、不得意分野があるのはご存知でしょうか。

不動産を売却するうえで、まずその不動産が実需（買主が使う不動産、エンドユーザーが最終的に実際に使う建売やマンション用地など）なのか収益不動産なのかによって大きく区分されます。

不動産仲介会社なら実需でも、収益不動産でも何でもわかると思っている方も多いのですが、残念ながら実需の取引をしている会社がほとんどで、現状分析の項でお話しした投資分析などはわからないという会社がほとんどです。それでは適切な価格を算出することはできません。なお、第2章「不動産の価値」（P68参照）でも説明しましたが、実需の場合、価格を算出する際には主に「取引事例法」という方法を用います。収益不動産の場合は「収益還元法と」いう方法を用います。

それでは、実需の場合、収益不動産の場合、それぞれどのような仲介会社に依頼すると、少しでも高く売却することができるのかご説明します。

■実需の場合①（個人が買主と想定される場合）

実需をメインに取り扱う不動産仲介会社といっても、購入の取引がメインの不動産仲介会社と売却がメインの不動産仲介会社に分かれます。購入がメインの不動産仲介会社のほうが顧客をたくさん持っているので売りやすいと思っている方も多ですが、実際は、窓口になる不動産仲介会社がどれだけお客様を持っているかではなく、いかに適切な販売方法で販売でき、いかに不動産仲介会社間の流通網をうまく使えるかによって、販売価格が左右されます。

たとえば、不動産仲介会社のなかで購入の取引数がトップクラスの会社に、対象となる不動産の購入を検討できそうな顧客が10人いるとします。この会社が他社に物件情報を出さずに抱え込んでしまったり、不動産仲介会社間の流通網をうまく使えない場合は、検討できる顧客は10人のままです。しかし、仮に他の会社が2社に1人、3社に1人しか購入を検討できるお客様を持っていなかったとしても、首都圏の場合、不動産仲介会社は何百、何千といます。最終的に契約する顧客は1人ですが、検討する顧客である分母の数は多いほうが有利なので、分母を増やすための方法を考えると、1社の力ではなく複数社の力を使ったほうがはるかによいのです（地方で不動産仲介会社の数が少ないなどの特殊事情がある場合は別です）。

いかに多くの不動産仲介会社にお客様を紹介してもらえるかが重要になりますが、ただ物件を公開すればよいというものでもありません。公開か未公開か、現地にどのような工夫をするかなど、売却の対象となる不動産の特徴に合わせて決められるか、また不動産仲介会社が紹介しやすく、顧客に気に入ってもらえる状況にできるかどうかで売却価格も左右されますので、売却に対してのノウハウを持っているということも重要です。

■実需の場合②（不動産買取業者が買主と想定される場合）

一般のエンドユーザーが買えない規模や、不動産買取業者でないと買えない事情がある場合は、一般のエンドユーザーが買主の場合とは異なる戦略を取る必要があります。個人が買主の場合、多くの方に情報を知ってもらい、検討する人の母数を増やすというやり方でした。

反対に、不動産買取業者が買主になる不動産の売却のときは、情報が出回ると情報の価値が下がります。不動産買取業者の場合、より鮮度のある情報を好みますので、売却の対象となる不動産の物件情報が出回っていると、何か問題があるから成約に至っていないのかなという心理が働きます。また、他の業者が買わなかった不動産を買って大丈夫かなという心理にもなります。

それは自分自身に置き換えていただくとわかりやすいと思います。

A社から甲不動産の紹介を受け、次の日B社から同じ甲不動産を紹介され、その次の日にC社から紹介され……という状況が続くと、この不動産大丈夫かな、と心配になるでしょう。不動産買取業者の場合は情報の最前線で動いていますのでさらに敏感です。

では、どうすればよいのでしょうか?

その不動産の善し悪しを適切に理解し、高く買ってくれる業者に紹介してくれる不動産仲介会社に売却依頼をすることが大切です。不動産仲介会社なら不動産のプロだから、不動産の善し悪しはわかって当たり前と思うかもしれません。しかし、現実はそうではありません。たとえば土地であれば、そのエリアの売れ筋の大きさに土地を分割すると何分割でき、何階建ての建物が建つか。分割する際には、位置指定道路を入れる必要があるか、開発許可で行うのか。高低差がある土地であれば擁壁などの造成工事が必要なのか、その際に許可が必要なのか、任意のもので対応ができるのか。それとも擁壁ではなく特殊基礎で対応ができるのか。それらを勘案して、高低差がある工事に対応できる業者なのか、建物の建築単価はどのくらいなのかなど、さまざまな要因を考慮する必要があります。

また、現場の要因だけでなく、マーケットは建築単価を下げて割安の不動産を求めているのか、そこそこの相場観でグレードもそこそこのものを求めているのかなど、マーケットの需要を考慮しながら、不動産買取業者の得意不得意も把握する必要があります。

不動産を造る側の仕事の中身や、どの不動産買取業者が何が得意で何が苦手かなどは、不動産買取業者間の売買に精通していなければわかりません。また、このようなことを理解していない不動産仲介会社には、不動産買取業者の提示した価格が高いのか安いのか判断することはできません。

不動産買取業者に売却する際に、入札という形式を取ることもできます。不動産買取業者が何社かで買取希望価格、買取条件を入札し、開札。そのなかの条件が一番よかったところと契約する形です。

この場合、相対の交渉と違って最初から高い金額を提示してくれる、金額がつり上がるというメリットがあると思われるかもしれません。しかし、実際にそううまくいくでしょうか。現実的にはケースバイケースです。

入札形式の場合、そもそも参加しない不動産買取業者もいます。落札ができるかわからない入札形式には参加しない場合や、過去に参加して落札できなかったので入札形式によいイメージを持っていない不動産買取業者もいます。

そのような不動産買取業者のなかにも建築単価が安い会社、付加価値を付けて高く不動産を売却できる会社、宅地造成のノウハウがあり安くできる会社、トラブルを解決するのが得意な会社など、不動産を高く買ってくれる可能性がある会社もあります。

参加しない不動産買取業者だけではなく、参加する業者でも落札できるかわからないから力を入れられず、お金をかけることができないこともあります。検討段階で設計、測量の費用を会社として捻出できなかったり、余裕を持った事業計画になり金額が伸びなかったりするケースもあります。

相対《あいたい》で探すのか、入札にするのか、どのような戦略で販売するかは、不動産固有の特性やマーケットの特性、希望の期間など、いろいろな要因を加味して、最適な販売方法を考える必要があります。

■収益不動産の場合

収益不動産の場合はまず、現状分析でお伝えしたような投資分析が必須になります。投資分析ができなければ、売却の対象になっている不動産にどの程度の価値があって、お金を稼ぐ力がどのくらいあるのかもわからないからです。それだけではなく、対象となる不動産はどの融資が組めるのかという、金融機関の貸し出し条件の情報も知っている必要があります。そうでないと、買主がどのくらいの融資が組めるのか、そのときの支払いはいくらになるのかというところからキャッシュフローを計算したり、そこから投資家はいくらで買いたいのかという計算をしたりすることもできません。実需の不動産の場合、過去の取引事例で相場の土地の単価などを出せますが、収益不動産は実需ほど事例が多くなく、築年数などによって組める融資の期間も変わるので、投資分析、エリアの販売状況、不動産投資市場の状況、融資の状況などを総合的に判断します。

このように実需なのか収益なのか、個人なのか不動産買取業者なのかによって売却方法も変わります。すべてを網羅して行える不動産仲介会社も多くはなく、会社によって得手、不得手があります。その不動産の力を最大限に引き出してくれる不動産仲介会社に依頼することが売却を成功させる大事な要件となります。

アパート、マンション建築

アパートやマンションを建築して建物の評価減、土地の評価減で相続税を低減するという相続対策は多く普及していますが、資産形成をするうえでの基本を考えていない場合、多くは失敗します。アパートやマンション建築においてサブリースや空室の問題が取り上げられることが多いですが、そもそも損益計算書（P／L）とキャッシュフロー、時価評価の貸借対照表（B／S）、相続税評価の貸借対照表（B／S）を考えずに、建物建築にかかる総事業費に対して家賃収入がどのくらいあるのかという利益率しか見ていないことが失敗の大きな原因であることが多いです。

適切に事業計画を作っていれば、サブリースや空室損失の予測値を反映することもできますし、時価評価、相続税評価、簿価の貸借対照表（B／S）がわかると、アパートを建築した時点で、不動産の価値が大きく変わることがわかります。

アパート建築を検討する際に「外構や設計費、諸費用を含めた総事業費の10％程度の収入になるので利回りは10％です」などと説明されることが多いと思います。時価ベースの貸借対照表（B／S）には、土地はもともと資産に計上されているので、アパートやマンション建築をすることで、土地が建物付きのアパートやマンションになった価値として考えます。アパートやマンション建築前は、収益不動産ではないので実需での評価を行いますが、その際は取引事例比較法を使って土地の相場を見ていました。しかし、アパートやマンションを建築すると、収益不動産として評価されるので収益還元法になります。この基本的なことが見過ごされるため、多くの方が失敗をしていいます。例を見てみましょう。

■総事業費1億円のアパート建築

・アパート建築による総事業費　1億円

・家賃収入　1000万円

■節税効果

・総事業費1億円に対して固定資産税評価が約40〜60%になるため、仮に50%と仮定すると固定資産税評価は5000万円

・アパートとして利用することで貸家の評価になるため、

5000万円×（1-30%）=3500万円

・アパート建築前の土地が相続税評価で8000万円、借地権割合60%だった場合、アパートを建築すれば貸家建付地になるため、

8000万円×（1-60%×30%×100%）=6560万円

・（総事業費1億円+アパート建築前の土地の相続税評価）-（アパート建築後の建物の評価+アパート建築後の土地の評価）=アパート建築で低減される相続税評価

図5-10

（千円）

	1年目	2年目	3年目	4年目	5年目	6年目	7年目	8年目	9年目	10年目	11年目
GPI	10,000	10,000	9,800	9,800	9,800	9,604	9,604	9,604	9,412	9,412	9,412
空室損失	500	500	490	490	490	480	480	480	471	471	471
運営費	1,500	1,500	1,470	1,470	1,470	1,441	1,441	1,441	1,412	1,412	1,412
NOI	8,000	8,000	7,840	7,840	7,840	7,683	7,683	7,683	7,530	7,530	7,530

（1億円＋8000万円）－（3500万円＋6560万円）＝7940万円

・相続税の実効税率が30％の場合の節税効果

7940万円×30％＝2382万円

大抵の場合、利回りが満室想定賃料で説明するために、10％の場合、10年で元が取れ、2382万円が節税できると勘違いしてしまう方が多いです。運営していくうえでは、空室損失も発生しますし、運営費も必要になります。また、新築の場合は家賃に新築プレミアムも乗っていますので、当初の家賃の下落幅も大きいはずです。

仮に空室損失を5％、運営費を15％、3年におきに家賃が2％下落するとしましょう。3年に一度家賃が2％下落する場合、新築時7万5000円の部屋が10年経つと7万2030円になるので、この想定でも甘いくらいかもしれません。そうすると、営業純利益（NOI）は、**図5-10**のようになります。10年目に売却しなくてもよいのですが、価値を判断するために売却を想定します。このとき10年目の売却価格は11年目のNOIを還元率で割ります。10年目に購入する投資家は11年目の収益を見て購入するからです。現在の還元率が7％として、対象不動産が10年経つことで建物の経年劣化、トレンドの変化、組める融資の変化などを加味して、0・5％上乗せして7・5％だったと仮定し、売却時の仲介手数料などの諸費用を4％と仮定します。

まず、総事業費1億円に対しての利回りのIRRは、7・54％となります。当初、想定していたのは10％の利回りでしたので、2・46％下落しました。

また、これはあくまで建物の総事業費に対しての利回りですので、土地が計算に入っていません。仮にこの対象地にアパートを建築せずに更地で売却したら1億円で売却できる土地だったとすると、1億円の資本を投下したことになります。建物の総事業費1億円と土地の価値の1億円を足した2億円が初期投資額とすると、利回りはIRR＝▲1・72％となります。土地を守るという観点で期待利回りを0％と考えても、現在価値は、約1億7401万円になるので、初期投資額2億円に対して約2599万円がマイナスとなるのです。2382万円の節税をするために、2599万円のマイナスをする状況です。

投資期間中のインカムゲインとキャピタルゲインを考える利回りではなく、初年度の収入に対して投資家が購入する還元率で割り戻す利益率で考えても、営業純利益（NOI）

800万円÷還元率7％＝1億1429万円となり、更地の場合に実需として考える取引事例比較法からアパートやマンションを建築することで収益還元法へ評価方法が変わるので、価値を考えると大幅に下ります。

アパートやマンションの家賃収入が入ると、当初の通帳の残高は増えますが、資産を価値で考える時価ベースの貸借対照表（B／S）の考え方を理解していると、この投資をすることでマイナスになることがわかります。

前記の例では、アパート建築時と10年後の売却時の相場が一定として、建物の経年変化、トレンドの変化、融資環境の変化だけを考慮しましたが、アパート建築時が不動産相場の高い状況で10年後の不動産相場が低い状況と想定すると、売却時の還元率を1％上げると、IRR＝▲2・57％、現在価値約1億6267万円、約3733万円のマイナスになります。2％上げると、IRR＝▲3・30％、現在価値約1億5372万円、約4628万円のマイナスとなります。現在の相場より、10年後の相場がよくなった場合、還元率を1％上げると、IRR＝▲0・70％、現在価値約1億8884万円、約1116万円のマイナスとなります。

前記は、物件が持つ力を見ていただきたかったので借入金は考慮しませんでしたが、借

図5-11

（千円）

	1年目	2年目	3年目	4年目	5年目	6年目	7年目	8年目	9年目	10年目	11年目
GPI	10,000	10,000	9,800	9,800	9,800	9,604	9,604	9,604	9,412	9,412	9,412
空室損失	500	500	490	490	490	480	480	480	471	471	471
運営費	1,500	1,500	1,470	1,470	1,470	1,441	1,441	1,441	1,412	1,412	1,412
NOI	8,000	8,000	7,840	7,840	7,840	7,683	7,683	7,683	7,530	7,530	7,530
年間負債支払額(ADS)	3,480	3,480	3,480	3,480	3,480	3,480	3,480	3,480	3,480	3,480	3,480
税引き前キャッシュフロー(BTCF)	4,520	4,520	4,360	4,360	4,360	4,203	4,203	4,203	4,050	4,050	4,050

10年目の借入金の残債	62,943

入金を考慮すると次のようになります。

借入れは融資額９０００万円、金利１％、融資期間30年、年間負債支払額約３４８万円とします（図５‐11）。

■初期投資時と相場が変わらない場合

・借入金を考慮前のＩＲＲ＝▲１・72％

・借入金を考慮後のＩＲＲ＝▲４・68％

■初期投資時より還元率が１％上がった場合

・借入金を考慮前のＩＲＲ＝▲２・57％

・借入金を考慮後のＩＲＲ＝▲６・95％

■初期投資時より還元率が２％上がった場合

・借入金を考慮前のＩＲＲ＝▲３・17％

・借入金を考慮後のＩＲＲ＝▲９・26％

■初期投資時より還元率が１％下がった場合

・借入金を考慮前のＩＲＲ＝▲０・70％

・借入金を考慮後のＩＲＲ＝▲２・35％

借入れをすることで節税ができるという話をよく聞かれると思いますが、このように利回りで考えると、借入れを考慮する前の利回りが低ければ、借入れを起こすことで負のレバレッジ（てこの原理）効果でマイナスが大きくなっていることがわかります。これが地主さんがアパート建築で資産を失っていくメカニズムです。

このように損益計算書（Ｐ／Ｌ）、キャッシュフロー、貸借対照表（Ｂ／Ｓ）の考えを持ち、シミュレーションを行うことで、将来を楽観視、現状維持、悲観的なパターンで考えたときに、アパート建築をすることで資産にどのような影響を与えるのかを確認することができます。

アパートやマンションを建築する場合は、土地の価格というよりも建築後の建物の家賃収入から得る利益に価値が依存します。首都圏の場合、３階建て以下の場合は、総事業費と土地の価値に対して、しっかりと利益を出していくことは難しい場合が多いです。容積率が高く、土地の大きさに対して建物の面積が大きく取れる場合や、土地価格が低い土地の条件、エリアであれば、建築したアパートやマンションが資産を殖やせる利益を稼ぎ出してくれる場合もあります。

アパートやマンションを建築する会社は、建築のプロであって資産を殖やす、守るプロではないし、相続対策のプロではありません。最終的な判断はその方自身がするのですが、適切なプロに相談することで将来のリスクを想定して検討することはできます。私も多くの地主さんにアパート建築の相談に乗ってほしいと言われて分析をしますが、多くの場合はやらないほうがよいという結果になります。

アパートやマンションの建築は、建ててしまうと後戻りは難しいので、しっかりと初期分析、シミュレーションを行い、やるか否かを判断しましょう。

不動産の購入

前項では、アパートやマンションを建築することは、建築前の実需の取引事例比較法で評価する価値から、収益不動産になることで評価方法が収益還元法になり評価が目減りする。また価値に対して稼ぎ出す家賃収入が低いなどの理由で、投資としては不適格になるケースが多いことをお伝えしました。

最初から収益不動産を購入すると、もともと収益還元法での評価なので、評価方法の変化で、価値が大きく目減りするようなことはありません。そのため、相続対策の実務では、アパートやマンションを建築するよりも、収益不動産を購入してもらうケースのほうが多いです。しかし、家賃の下落、金利の変化、大規模修繕、売却時の相場の変化などを考慮し、適切な分析、シミュレーションをすることで効果を確認し、判断をしていく必要があります。例を見てみましょう。

■物件価格1億円、築10年の鉄筋コンクリート造のマンションの場合

・物件価格　1億円
・購入時諸費用　8％（800万円）
・総潜在収入（GPI）　800万円
・空室損失　5％（40万円）
・運営費　15％（120万円）
・営業純利益（NOI）　640万円
・借入金額　9000万円（金利1％、借入期間30年）

・年間負債支払額　　　約348万円

前記のような物件の場合、販売図面などでは「表面利回り8％」と記入されて販売されている物件です。営業純利益（NOI）をベースに還元率を考えると、購入時の還元率は640万円÷1億円＝6・4％となります。

東京23区などの時価評価と相続税評価に乖離がある不動産であれば、時価に対して相続税評価が3分の1程度になるケースは多いため、仮に相続税評価が3300万円だったとします。

前記の不動産を購入することで、相続税の実効税率が30％の場合、初年度の相続税の節税効果としては次のようになります。

（物件価格1億円＋諸費用800万円）－相続税評価3300万円＝7500万円

7500万円×30％＝2250万円

2250万円が初年度の相続税の節税となります。あくまで初年度の節税効果のため、年々節税効果は低くなります。

前項の新築の場合と違い、中古は新築プレミアムの期間は過ぎているため、家賃の下落

図5-12

物件価格	100,000
購入時諸費用	8,000
空室損失	5.00%
運営費	15.00%

（千円）

	1年目	2年目	3年目	4年目	5年目	6年目	7年目	8年目	9年目	10年目	11年目
GPI	8,000	8,000	8,000	7,920	7,920	7,920	7,920	7,841	7,841	7,841	7,841
空室損失	400	400	400	396	396	396	396	392	392	392	392
運営費	1,200	1,200	1,200	1,188	1,188	1,188	1,188	1,176	1,176	1,176	1,176
NOI	6,400	6,400	6,400	6,336	6,336	6,336	6,336	6,273	6,273	6,273	6,273
年間負債支払額(ADS)	3,480	3,480	3,480	3,480	3,480	3,480	3,480	3,480	3,480	3,480	3,480
税引き前キャッシュフロー(BTCF)	2,920	2,920	2,920	2,856	2,856	2,856	2,856	2,793	2,793	2,793	2,793

10年目の借入金の残債	62,943

は緩やかになることがほとんどです。ここでは仮に、4年で1%下落するものと仮定します（図5―12）。

まずは、現在と相場が変わらず、建物の経年変化、トレンドの変化による物件価格の下落を考慮して、売却時の還元率を購入時の6・4%から0・5%上乗せした6・9%で仮定します。借入れを使用したことで起こるレバレッジ（てこの原理）は加味しない、物件が持つ本来の力である利回り、すなわちＩＲＲは4・30%です。借入れを起こすと、てこの原理が働き、この場合のＩＲＲは17・51%となります。前項のアパートやマンションを建築する場合とは差が大きくなることがあります。

ただし、上記の利回りは相場が変わらないものとして、大規模修繕も考慮に入れず、金利も一定と仮定した場合の数字になります。将来のリスクも見据えてシミュレーションをし直すと、次のようになります。

■相場が変動し売却時の還元率が1%上がった場合

・借入考慮前のＩＲＲ＝3・35%

・借入考慮後のＩＲＲ＝14・65%

■5年後（築15年時）に400万円の修繕が必要になった場合

・借入金考慮前のＩＲＲ＝3・79%

・借入金考慮後のＩＲＲ＝13・93%（期中にマイナスが発生するので修正内部収益率を使用）

■5年後に金利が1%上昇した場合

・借入金考慮前のＩＲＲ＝3・35%

・借入金考慮後のＩＲＲ＝15・98%

■前記の相場の変動、修繕、金利の変動がすべて起こった場合

・借入金考慮前のＩＲＲ＝3・12%

・借入金考慮後のＩＲＲ＝8・94%（期中にマイナスが発生するので修正内部収益率を使用）

前記は税引き前の利回りですが、どのリスクをとっても、すべてのリスクを加味しても、投資としても成り立ちながら、相続税の節税効果も享受することが可能です。実際に検討する際には、物件の持つ力を税引き前で判定したら、所得税、譲渡税も考慮に入れてシミュレーションを行ってください。気をつけていただきたいのは、前提とする投資期間、対象不動産の築年数や大規模修繕の履歴、構造、融資条件などによって前記の前提が変わるので、中古で表面利回りが8％だったら大丈夫ということではありません。ここで理解していただきたいのは、将来考えられるリスクを考慮してシミュレーションをしても投資として成り立つかという視点を持つことです。

実際にアパート建築や購入の判断を行う際は、税引き後のキャッシュフロー（ATCF）を見て判断します。その過程として、前記で行ったように物件そのものが持つ力を純収益（NCF）までの利回り（IRR）を確認して、金利と比較をします。金利とどの程度差があるかで、家賃の下落、金利の上昇、売却価格の下落などに耐えうるのか、レバレッジは正の働きをするのかを確認をします。その後、税引き後キャッシュフロー（ATCF）をベースに利回り（IRR）を確認するという流れです。

また、大規模修繕をするかどうかも、長期保有を見据えてやるのか、売却して資産の組替えを前提とするため考慮しないのかなど、購入する側の将来の展望によってもシミュレーションが変わります。保有か売却かという判断には、減価償却や借入金の返済の進み具合によるデッドクロスも考慮に入れ、物件単体で考えるのでなく資産全体で考える必要もあります。借入金の返済が進むと相続税の節税効果も低減していきますので、その点も保有していくうえでは考慮していきます。

資産全体を考えるために個別の資産を見る必要があり、個別の資産の集まりが資産全体でもあります。個別と全体と両面から考えて、購入か否か、売却か否かという意思決定をしていきますが、どちらの面でもしっかりとした分析をして数字を捉えることで、意思決定をしやすくなることは間違いありません。

2次相続対策

夫婦の場合、先に発生した相続を1次相続、後に発生した相続を2次相続といいます。たとえば、父が先に亡くなって相続が発生した場合を1次相続。父が亡くなった後、母が亡くなった場合を2次相続といいます。1次相続の遺産分割で財産をどのように分配するかによって、2次相続での相続税額も変わってきます。

家族構成が父、母、子の3人で、父が1億円持っていた場合を考えてみましょう。ここでは父が1次相続の場合とします。

・法定相続分で分けて配偶者控除を使った場合

1次相続の相続税額　385万円
2次相続の相続税額　160万円
1次相続と2次相続の相続税の合計　545万円

・配偶者が財産を受け取らず、子が財産をすべて取得し、配偶者控除は受けない場合

1次相続の相続税額　770万円
2次相続の相続税額　0円
1次相続と2次相続の相続税の合計　770万円

このように同じ家族構成、同じ財産でも、遺産分割次第で1次相続と2次相続の相続税の合計額も変わってきます。

1次相続と2次相続の相続税の合計額が最小になる遺産分割の割合、最大になる遺産分割の割合を知ることもできます。前記の資産額が1億円の場合では、1次相続で母が受け取る割合は36％が最小値、100％が最大値になります。

・配偶者が1次相続で36％受け取った場合

1次相続の相続税額　492・8万円
2次相続の相続税額　0円
1次相続と2次相続の相続税の合計　492・8万円

・配偶者が1次相続で100％受け取った場合

1次相続の相続税額　0円
2次相続の相続税額　1220万円
1次相続と2次相続の相続税の合計　1220万円

1次相続で相続税を安くしようと思って母に相続財産をすべて取得させようとすると、2次相続のときにいちばん相続税額が高くなってしまうということです。いちばん低い相続税額といちばん番高い相続税額では、797.2万円の開きがあり、2倍以上変わります。

前記の条件では、配偶者の財産は0円として考えましたが、配偶者の財産を3000万円ではどのように数字が変化するでしょうか。

・法定相続分に分けた場合

1次相続の相続税額　385万円
2次相続の相続税額　680万円
1次相続と2次相続の相続税の合計　1065万円

・1次相続と2次相続の相続税の合計額が最小になる場合の1次相続の母の取得割合6%の場合

1次相続の相続税額　732.8万円
2次相続の相続税額　0円

1次相続と2次相続の相続税の合計　732・8万円

・1次相続と2次相続の相続税の合計額が最大になる場合の1次相続の母の取得割合100％の場合

1次相続の相続税額　0円
2次相続の相続税額　2120万円
1次相続と2次相続の相続税の合計　2120万円

母の財産を3000万円とすると、法定相続分、最小値、最大値ともに2倍近くになりました。父の財産が母に渡るときは、配偶者控除で控除されますが母の相続のときには、相続人が1人減るので基礎控除が減り、相続税が課税される財産の割合が増えているのです。

このように2次相続を見据えた遺産分割の割合をするだけでも相続税は大きく抑えることができます。

ただし、前記のケースでは配偶者が財産を取得し、まったく相続対策を行わなかったことを前提としています。配偶者の健康状態、年齢、財産状況に応じて、相続対策もできますので、必ずしも2次相続を見据えた最適値を1次相続のときに分割するのが正しいとはいえません。やはり、ここでも対症療法にならずに全体を俯瞰して対策を行いたいところです。

相続対策を誰と進めるか

ここまで相続の基本から、現状を分析し、問題・課題を抽出し、対策を実施するという流れを説明しました。実際に相続対策を進めるに当たって、この対策を誰と進めればよいのかという問題が残ります。資産を守る、殖やすということを包括的に行うためには1つの業種ではできません。過去から現在の資産の時価、相続評価、簿価の貸借対照表（B／S）、損益計算書（P／L）、キャッシュフロー計算を把握、分析し、将来のシミュレーションを立て、さらに現状ではどうなるのか、対策を行うとどうなるのかというシミュレーションを行い、効果を確認しながら対策を進めますが、その過程では複数の業種の力が必要になります。

図5-13

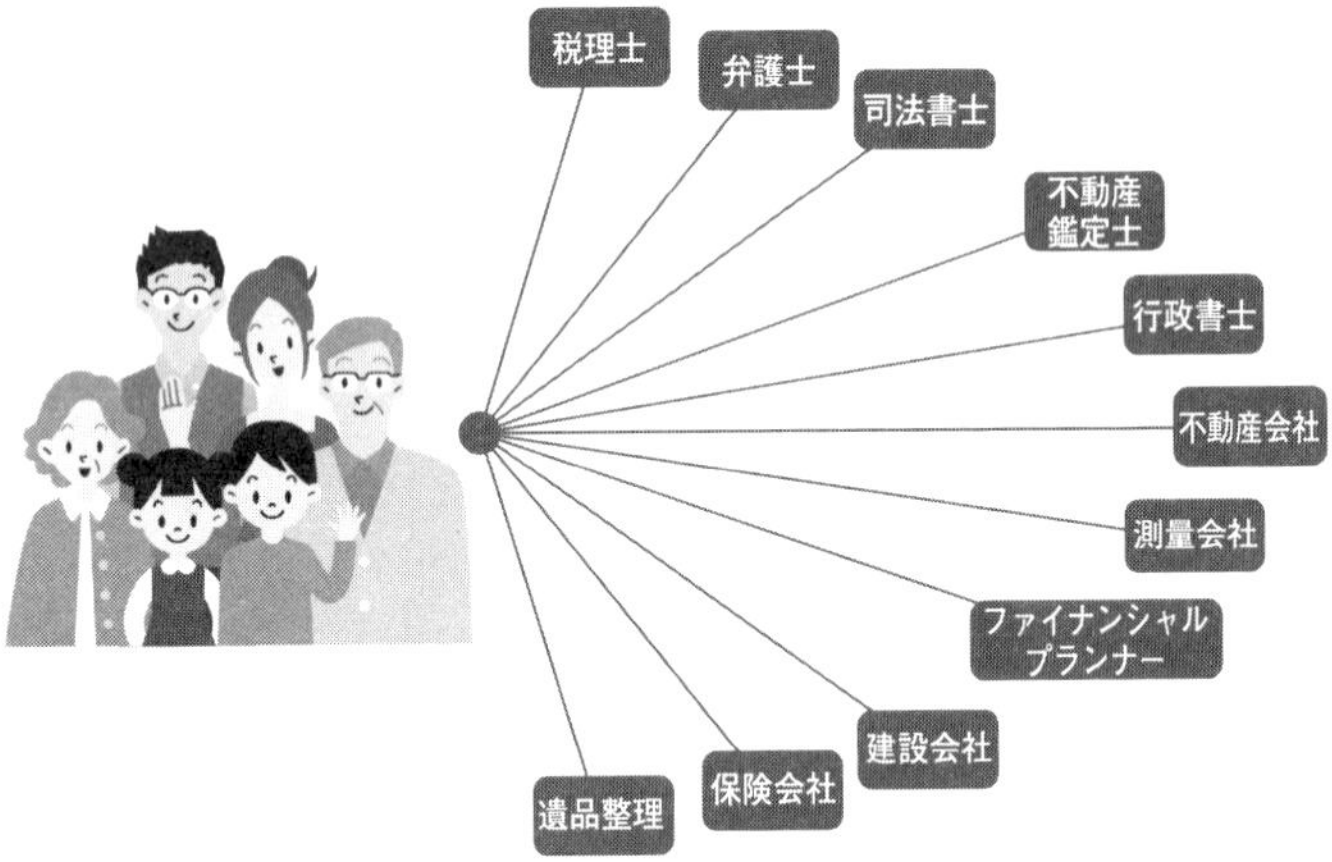

相続の全体像を俯瞰してコンサルティングを行える人間が窓口にいない場合は、自分で課題や悩みを考え、インターネットなどで上位に検索され、目星をつけた方に能力や知識があるか自分で判断し、お客様本位に進めるかどうかもわからない専門家からの提案を、自分で取捨選択することでしょう。そのとき、もしも適切な現状分析やシミュレーションが手元になければ、判断する物差がない状況で判断していることになるのです（図5-13）。

お客様本位の相続対策を進めるという視点で全体を俯瞰して考え、さまざまな業種をプロデューサー的にまとめるコンサルタントがいることで、お客様ごとに違う家族構成、資産内容に対応した現状分析、課題の抽出、対策の実施

図5-14

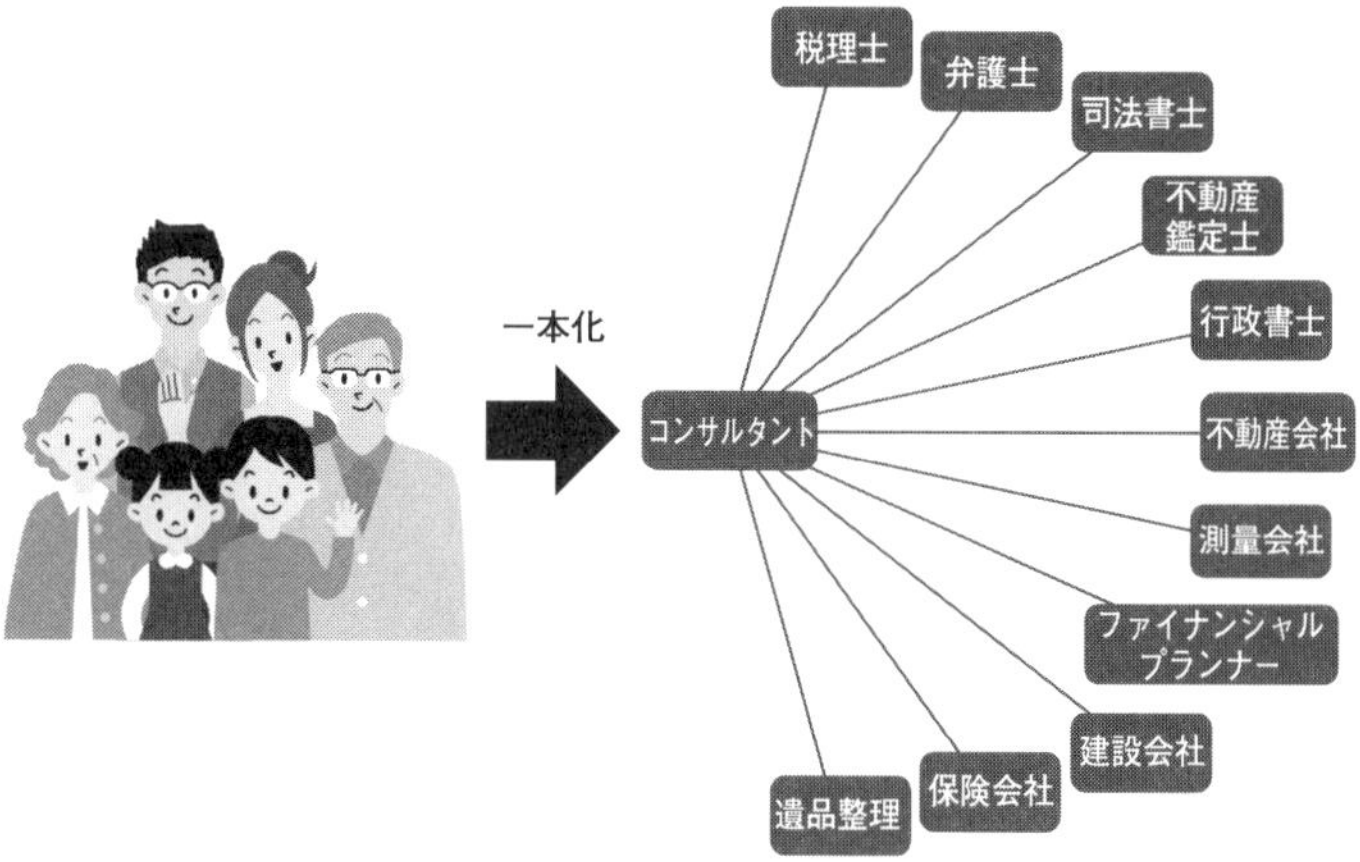

というプロセスとることができるのです（図5−14）。そのためには、プロデューサー的な立場の人間には全体を俯瞰して戦略を考える能力も必要ですし、お客様に合ったチームを作る人脈も必要です。

もちろん能力やスキルなども大切ですが、とくにいちばん大切なのがお客様本位のコンサルティングを行うという視点を持って仕事をしてくれるかどうかです。当たり前のように思われるかもしれませんが、お客様本位のコンサルティングを行ってくれるところが少ないのが現実です。もともと商品やサービスがあって、その商品やサービスをお客様に提供するために相続を入口にする、ビジネスマッチングをするという場合が多いので、現状の分析からではなく、商品やサービスを提供するためにはという対策から考えていくことになり、やるべきプロセスとしては逆になってしまっているのです。

本書をここまでお読みいただいた方は、一つひとつを完璧に理解していなくても、相続対策にはこのような視点があるという引き出しは持っていただけたものと思います。その引き出しがあることが大切で、お客様が相続対策のためのパートナーを選択する際に、お客様の望むサービスを提供してもらえるか判断するうえで、本書で示したような引き出しができるかどうか、事前に確認していただくとよいでしょう。ご自身にあった相続のコンサルティングを行ってくれるパートナーをぜひ探してください。

もし、対策に疑問や不安を感じたときには、現状分析、課題の抽出、シミュレーションというプロセスを行えば、やるべきか否かを判断することができるはずです。

おわりに

本書を最後までお読みいただきありがとうございます。

初めて聞く言葉や数多く出てくる数字などで、とっつきにくい点も多くあったのではないでしょうか。多くの方の相続の相談、対策を行わせていただいていますが、断片的な情報で不安を煽り、全体を俯瞰して考えると、状況を悪化させるような相続対策が少なくありません。相続対策というと、相続税の節税のためのアパート建築や生命保険の活用などを想像される方も多いのですが、アパート建築も、生命保険の活用も、節税対策も、あくまで一族の繁栄のために資産を守る、殖やすための手段です。

手段がよい手段なのか、悪い手段なのかを判断するためには、適切な物差が必要になります。時価、相続税評価、簿価の貸借対照表（B／S）と損益計算とキャッシュフロー計算、投資分析などのファイナンス的な基本を的確に捉え、適切な現状分析を行い、課題を抽出し、課題に対して対策を行えば、大きな間違いをすることもないですし、資産を守る、殖やす一助になるはずです。

本書の内容を参考に一族繁栄のための一助となれば幸いです。

最後に、仕事が忙しくなかなか筆が進まない私のためにいろいろとご協力いただきました現代書林・鹿野様、桃青社・西濱様、実務でも大変お世話になっており、税の監修もしてくださいましたランドマーク税理士法人様、パートナーの皆様、信頼をしていただき仕事をご依頼いただだいたお客様に、この場を借りて厚く御礼申し上げます。ありがとうございました。

いつも仕事ばかりで迷惑をかけている家族の支えがあって、本書も執筆できました。ありがとう。

著者記す

地主《じぬし》・大家《おおや》の相続対策《そうぞくたいさく》の本質《ほんしつ》

2017年12月18日　初版第1刷

著　者……………………豊田剛士《とよたつよし》
発行者……………………坂本桂一
発行所……………………現代書林
〒162-0053　東京都新宿区原町3-61　桂ビル
TEL／代表　03(3205)8384
振替／00140-7-42905
http://www.gendaishorin.co.jp/
カバーデザイン…………吉崎広明（ベルソグラフィック）
編集協力…………………有限会社　桃青社
写真提供…………………PIXTA

印刷・製本：㈱シナノパブリッシングプレス
乱丁・落丁本はお取り替えいたします
定価はカバーに
表示してあります

ISBN978-4-7745-1679-0　C0033